I0324588

www.ingramcontent.com/pod-product-compliance
Lightning Source LLC
Chambersburg PA
CBHW040552010526
44110CB00054B/2649
9780870785689

رجلُ اللّٰه في العراق

كتابٌ من مؤسسة القرن

رجلُ الله
في العراق

حياة وقيادة آية الله العظمى علي السيستاني

سجاد جياد

ترجمة حسان حساني

نبذةٌ عن مؤسسة القرن

مؤسسة القرن هي مؤسسةٌ فكريةٌ تقدميةٌ ومستقلةٌ مهمتها إجراء الأبحاث وتطوير الحلول والدفع نحو تغيير السياسات بهدف تحسين حياة الناس. نسعى لتحقيق المساواة الاقتصادية والعرقية والجنسانية والمساواة لذوي الإعاقات في التعليم والرعاية الصحية والعمل، وتعزيز السياسة الخارجية الأمريكية التي توطد التعاون والسلام والأمن الدوليين.

مجلس أمناء مؤسسة القرن

برادلي أبيلو	ميليسا هاريس بيري
جوناثان ألتر	هيذر هوارد
ألكسندر مورغان كابرون	جون كينغ جونيور
أعضاء فخريون	عائشة ميلز
جاكوب هاكر	ديمون سيلفرز

مارك زوكرمان، رئيس

البيانات المفهرسة بمكتبة الكونغرس متاحة من الناشر عند الطلب.

صنع في الولايات المتحدة الأمريكية

تصميم الغلاف بواسطة جمال صالح
تصميم النص بواسطة سينثيا ستوك

حقوق الطبع والنشر محفوظة لمؤسسة القرن 2023. جميع الحقوق محفوظة. لا يجوز إعادة إنتاج أي جزءٍ من هذا الكتاب أو تخزينه في نظام استرجاع، أو نقله بأي شكلٍ أو وسيلةٍ إلكترونيةٍ أو ميكانيكيةٍ أو تصويرٍ أو تسجيلٍ أو غير ذلك، دون الحصول على إذنٍ خطيٍّ مسبقٍ من مؤسسة القرن.

رجل الله في العراق: حياة وقيادة آية الله العظمى علي السيستاني
سجاد جياد
ترجمة حسان حساني

ISBN 978-0-87078-566-5 (نسخة ورقية بالإنكليزية)
ISBN 978-0-87078-567-2 (نسخة إلكترونية بالانكليزية)
ISBN 978-0-87078-568-9 (النسخة العربية)

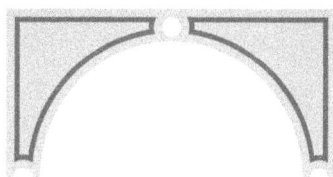

جدول المحتويات

شكرٌ وتقديرٌ ix

تمهيد بقلم خوان كول xii

مقدمة 1

الفصل الأول: السلطة الدينية في المذهب الشيعي 9

الفصل الثاني: السيستاني الرجل والمرجع 19

الفصل الثالث: الأيديولوجيا السياسية في النجف 83

الفصل الرابع: إرث السيستاني 97

ملاحظات 113

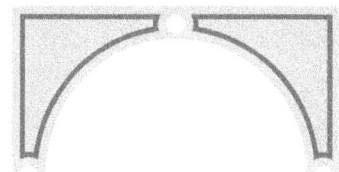

نبـذة عن المـؤلف

سجاد جياد هو باحثٌ في مركز القرن للبحوث والسياسات الدولية، ومدير مجموعة عمل السياسة الشيعية، وهو محللٌ سياسيٌ عراقيٌّ مقيمٌ في بغداد، والمدير التنفيذي لمنظمة جسر العراق للتنمية، وهي منظمةٌ استشاريةٌ عراقيةٌ غير حكوميةٍ تُعنى بمشاريع التنمية للشباب. ينصبّ تركيز سجاد على السياسة العامة والحكم في العراق، وله منشوراتٌ كثيرةٌ، وغالباً ما يُستشهدُ به كمعلقٍ خبيرٍ في الشؤون العراقية. الخلفية التعليمية لسجاد هي في الاقتصاد والسياسة والدراسات الإسلامية.

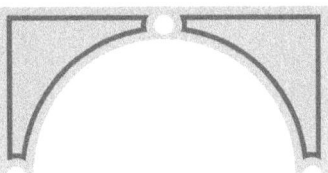

شكرٌ وتقديرٌ

هذا الكتاب جزء من مشروعٍ حول السياسة الشيعية، وقد أبصر النور بفضل الدعم السخي الذي قدمته مؤسسة هنري لوس، والتي مكّنتنا من بذل جهدٍ بحثيٍّ امتد سنواتٍ عدةً، ومن مؤسسة كارنيغي في نيويورك ومؤسسات المجتمع المفتوح التي مكنتنا من إنجاز هذا العمل.

نجح مجلس الأمناء وزملائي في مؤسسة القرن ممثَّلاً برئيس المجلس برادلي أبيلو ورئيس المؤسسة مارك زوكرمان في خلق المساحة لمركز القرن للبحوث والسياسات الدولية لتوسيع التزامه بأبحاث السياسات المبتكرة. قدّم المجلس الاستشاري لمركز القرن للبحوث والسياسات الدولية توجيهاً ودعماً مهمين، وذلك بفضل لينا عطا الله، وميلاني كاميت، ومنى فواز، ومايكل وحيد حنا، ومارك لينش. كما ساعد مدير برنامج هنري لوس السابق توبي فولكمان في تصور مشروع السياسة الشيعية.

اعتمدتُ في كتاب السيرة هذا على تعليقاتٍ أدلى بها أعضاء مجموعة عمل السياسة الشيعية في مركز القرن للبحوث والسياسات الدولية، وقد جُمعت أبحاثهم حول السياسة الشيعية في العراق، بعد سنواتٍ من المناقشات والعمل الميداني المثمر والشاق، في مجلدٍ منفصلٍ حمل عنوان: نضوج السلطة الشيعية (2023)، والذي نشره مركز القرن للبحوث والسياسات الدولية أيضاً.

كما ندين بالفضل لمارسين الشمري، وتوبي دودج، وشاميران ماكو، وباباك رحيمي لما تكرموا به من وقتٍ لمراجعة الكتاب، فأدلَوا بتعليقاتٍ واقتراحاتٍ مفيدةٍ للغاية جعلت هذا الكتاب أكثر وضوحاً من المسودات السابقة. كما بذل إيمون كيرشر ألين جهداً كبيراً في تحرير النص، فحوّل الكتابة الكثيفة والمعقدة إلى نثرٍ أكثر وضوحاً وجلاءً. وإن التمهيد الذي كتبه خوان كول هو تقييمٌ غنيٌّ لآية الله علي السيستاني، وأنا ممتنٌ لما بذله من جهدٍ. وشكر خاص للأستاذ خضير فاضل عباس والأستاذ أيمن عبد الكريم حسين لمراجعة ترجمة الكتاب.

لم يكن هذا الكتاب ليرى النور لولا التشجيع والدعم من مدير مركز القرن للبحوث والسياسات الدولية، ثاناسيس كامبانيس، الذي أنشأ منصةً لهذا البحث، ودعم فكرة تأليف هذا الكتاب، وقدّم تعليقاتٍ نقديةً أثناء الكتابة، ودأب على تحفيزي لتحويل أفكاري غير المكتملة إلى كتابٍ حقيقي.

ثمة كثرٌ لا يسعني ذكرهم هنا، بما في ذلك أصدقائي الأعزاء في بغداد والنجف وقم ولندن، ممن ساعدوني على مر السنين في إثراء عملي من خلال مناقشة آرائي حول السيد السيستاني والسياسة العراقية، وإتاحة معارفهم ومواردهم، وقراءة الملخصات والمسودات الأولى، وتقديم تقييمٍ نقديٍّ لمفهوم هذا الكتاب.

جاءت كثيرٌ من المعلومات المتعلقة بالسيد السيستاني نفسِه على لسان العلماء والسياسيين والمثقفين - في النجف وكربلاء وبغداد وقم ومشهد وبيروت ولندن - ممن وفرت محادثاتهم معي على مدى عقدين من الزمن الأساس لفهم شخصية السيد السيستاني، وأنا أكنّ لهم جميعاً الامتنان للإدلاء بمعرفتهم ووجهات نظرهم، ولتزويدي برواياتٍ مباشرةٍ عن لقاءاتهم ومحادثاتهم مع السيد السيستاني، لقاءاتٍ لم يكن من الممكن الكشف عنها لولا ثقتهم تلك.

والشكر الجزيل لعائلتي التي عانت طويلاً وصبرتْ كثيراً، ولا سيما زوجتي فاطمة وأمي دنيا، اللتين تحملتا ابتعادي عنهما شهوراً وسنواتٍ لأجل البحث والكتابة والعمل، ولهما أهدي هذا الكتاب، وهو عرفانٌ صغيرٌ

بتقديري لكل ما فعلتاه من أجلي.

وكما هو معتادٌ، فإن أية أخطاءٍ في المتن لهذا الكتاب تقع على عاتقي وحدي.

— سجاد جياد
4 آب / أغسطس 2023

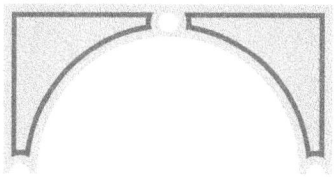

تمهيد

بقلم خوان كول

إن الخطة الرعناء التي تبنتها إدارة جورج دبليو بوش لتغيير النظام في العراق من خلال الإطاحة بحزب البعث الاشتراكي العلماني في عام 2003، سارت على نحوٍ خاطئٍ بكل المقاييس التي كان من الممكن توقعها، وكذلك بعض المقاييس التي لم يكن من الممكن توقعها. غير أن الولاياتِ المتحدةَ تنفستِ الصعداءَ عندما أظهر الزعيم الروحي للأغلبية الشيعية في البلاد، آية الله علي السيستاني، حكمةً قلّ نظيرها. لم يكن السيستاني لاعباً سلبياً ولم يتردد في تحدي الأميركيين بطرقٍ دراماتيكيةٍ بشأن المسائل المبدئية؛ غير أنه كان مقتنعاً بأن الاحتلال الأميركي سيزول في نهاية المطاف، وأن الشيعة سيرثون الحكم في العراق إن استخدموا أوراقهم ببراعةٍ؛ ولذا كان جديراً حقاً بهذه الدراسة الرائدة التي أجراها سجاد جياد.

وُلد السيستاني في شرق إيران، وجاء إلى مدينة النجف في العراق في مطلع الخمسينات من القرن الماضي؛ وفي النجف ضريح ابن عم النبي محمدٍ وصهره عليٍّ بن أبي طالبٍ، إمامِ الشيعة الأول، وخليفةِ السُّنّة الرابع، والذي اغتيل فيها سنة 661 للميلاد. يؤمن الشيعة المتدينون أن محمداً المهدي، أحدَ ذراري الإمام عليٍّ، سيعود يوماً ما ليقيم العدل في العالم. بُنِيَ حول قبر عليٍّ ضريحٌ، ثم راح رجال الدين تدريجياً يؤسسون المدارس الدينية الشيعية البارزة هناك في العصور الوسطى. وفي العصر الحديث يتبع معظم الشيعة العرب قيادة السيستاني، آيةِ الله العظمى في النجف، والذي يُتوقع من عامة

الشيعة أن يسترشدوا به في المسائل الشرعية، وقد تولى السيستاني هذا المنصب منذ التسعينات.

وحين أعلن رجلُ جورج بوش في العراق، بول بريمر، في حزيران / يونيو 2003 أنه يعتزم تعيين لجنةٍ لكتابة دستورٍ جديدٍ للبلاد، أصدر السيستاني في ذلك توبيخاً شديدَّ اللهجة جاء في هيئة فتوىً قال فيها إن الدستور يجب أن ينبع من إرادة الشعب العراقي، مستشهداً ضمناً بكتاب جان جاك روسو "العقد الاجتماعي"، وأصرّ على أن تتولى جمعيةٌ تأسيسيةٌ منتخَبةٌ صياغةَ الدستور قبل أن يُطرح للاستفتاءِ الشعبيِّ. قيل حينها إن بريمر لم يكن يعرف السيستاني وأنه سأل باستخفافٍ: "ألا يمكننا الحصول على فتوىً مختلفةٍ من آيةٍ آخرَ من آيات الله؟" ولمّا كانت للسلطة الدينية الشيعية تسلسلاتٌ هرميةٌ، بدا سؤاله أشبه بالسؤال عما إذا كان بإمكاننا الحصول على رسالةٍ بابويةٍ من بابا آخر.

وفي تشرين الثاني / نوفمبر 2003، عندما كانت سلطة الائتلاف المؤقتة التي نصّبتها الولايات المتحدة تنهار أمام المعارضة العراقية، أعلن بريمر، بعد مشاوراتٍ أجراها في واشنطن، أن إدارة بوش سترعى انتخاباتٍ "قائمةً على المندوبين"، وهي محاولةٌ أمريكيةٌ مكشوفةٌ لاختيار نخبةٍ صغيرةٍ من الناخبين، تُنصّب بها في السلطة شخصيةً تفضلها. في كانون الثاني / يناير 2004 دعا السيستاني إلى تنظيم مظاهراتٍ حاشدةٍ للمطالبة بإجراء انتخاباتٍ ديمقراطيةٍ يدلي فيها كل فردٍ بصوته، كما طالب بإشراف الأمم المتحدة عليها، ما أثار حفيظة واشنطن. وحينئذٍ خرج آلاف المتظاهرين في بغداد، ثم في البصرة، وبهذا أوضح آية الله وجهة نظره، فما لبث أن عاد بوش وبريمر عن قرارهما.

وفي نيسان / إبريل 2004، وبعد أن حاول بريمر اعتقال رجل الدين الشيعي الشاب مقتدى الصدر، اندلعت ثورةٌ واسعة النطاق استولت فيها ميليشيا الصدر المعروفة بجيش المهدي (التي توقعت الظهور القريب لمهديهم استدلالاً بسقوط بلادهم في أيدي قوات أجنبية) على مراكز الشرطة، بل تعدت ذلك فاستولت على القواعد العسكرية التابعة لقوات

التحالف في مختلف أنحاء الجنوب، فاشتبكت معهم قوةٌ من مشاة البحرية الأمريكية في مدينة النجف. لم تتمكنِ الولايات المتحدة ولا جيش المهدي من تحقيق انتصارٍ واضحٍ في تلك المعركة، وفي نهاية المطاف انتهت المعارك من خلال مفاوضاتٍ بوساطة السيستاني.

وعندما أصيب السيستاني بمشاكل في القلب في ذلك الصيف، قصد لندن لتلقي العلاج؛ وبلغني عن أناسٍ من داخل الجيش الأمريكي أن رجال دينٍ كباراً آخرين في النجف ذهبوا إليهم في غياب السيستاني وطلبوا من الولايات المتحدة القضاء على جيش المهدي الذي اعتبره هؤلاءِ العلماء ثلةً من أشرارٍ غير منضبطين يهددون رجال الدين هؤلاء. كان الجيش الأمريكي سعيداً بالنزول عند تلك الرغبة والامتثال لها، فاندلع القتال مرةً أخرى في النجف، وخشيتُ حينها أن يقصف الأميركيون ضريح الإمام عليٍّ المقدس عند الشيعة بعد أن لجأ إليه الصدرُ، وحذرتُ من الحملة الأميركية في مدونتي المقروءة على نطاقٍ واسعٍ، وكذلك في صحيفة واشنطن بوست، وقد اتصل بي متحدثون عسكريون أمريكيون كانوا في حيرةٍ واضحةٍ من حدة موقفي. والآن أدركتُ أن هؤلاء ظنوا حينها بأنهم حصلوا على ضوءٍ أخضر من زملاء السيستاني وأنهم كانوا يقفون في صف الملائكة.

وبطبيعة الحال لم يتفق السيستاني مع زملائه، وعندما علم بما يجري، نهض من فراش المرض في لندن وسافر إلى الكويت، ثم توجه براً إلى البصرة، ومن هناك دعا جميعَ الشيعة إلى التوجه سيراً إلى النجف، فلبى المؤمنون نداءه رغم المعارك الطاحنة الدائرة في النجف، وهدأ القتال بتدفق حشودٍ من غير المقاتلين إلى أزقة المدينة، إذ تحاشى طرفا القتالِ التورطَ في مذبحة ضد المدنيين الأبرياء. حينئذٍ شبهتُ تصرفَ السيستاني بتكتيكاتِ المهاتما غاندي المتمثلة في الرفض السلمي للتعاون مع المحتل، وبذا أُنقذ ضريح عليٍّ، ما حال دون اندلاع انتفاضةٍ شيعيةٍ كبيرةٍ ضد الولايات المتحدة.

وبمجرد رضوخ بوش للعديد من مطالب السيستاني، عينت الأمم المتحدة الدبلوماسي الجزائري المخضرم، ووزير خارجيتها الأسبق الأخضر الإبراهيمي مشرفاً على العملية الانتخابية، ما أفضى إلى انتخاباتٍ مفتوحةٍ

في كانون الثاني / يناير 2005. حينئذٍ أصر السيستاني على أن تُرشح جميع الأحزاب الشيعية الرئيسة نفسها للانتخابات بقائمةٍ واحدةٍ، هي الائتلاف العراقي الموحد، لأنه كان على علمٍ بأن الشيعةَ يشكلون الأغلبية، فحصل الائتلاف العراقي الموحد على أكثرَ من 50 بالمئة من الأصوات، وتمكّن بالتالي من تشكيل الحكومة. كما كان ذلك البرلمان المنتخب بمثابة جمعيةٍ تأسيسيةٍ كُلفت بصياغة دستور اكتسى بصبغةٍ شيعيةٍ وفقاً لتصورات السيستاني.

وكما يوضح جياد في هذا الكتاب، تجنّبَ السيستاني نظرية روح الله الخميني التي تنص على وجوب تولي رجال الدين دفةَ الحكم في غياب الإمام، بل كان يرى أن على رجال الدين ألا يتدخلوا إلا عندما تكون "بنية المجتمع" في خطر، كما هو الحال عند صياغة الدستور أو وضع إطارٍ للانتخابات، وكان يرى أن هذا الدور المحدود لرجال الدين لا يُجاز لهم تأديته إلا بتفويضٍ كافٍ من الشعب. كما حاول منع الاقتتال الفصائلي والطائفي، لكنه لم يكن يحظى دائماً من عامة الشعب بالطاعة التي كان يستحقها من الناحية النظرية. وفي عام 2006، وفي ذروة الحرب الأهلية بين السنة والشيعة في بغداد، انسحب السيستاني من أي دورٍ عامٍّ فيها لبعض الوقت احتجاجاً، وفي عام 2011 انسحبتِ الولايات المتحدة أخيراً، وتركت وراءها كما توقع السيستاني حكومةً عراقيةً تهيمن عليها السلطة الشيعية.

وفي عام 2014 سيطر ما يسمى بداعش على شمال العراق وغربه، وطرد الجيشَ العراقي المعاد بناؤه من الموصل، فانهار الجيش العراقي بالكامل وبدت بغداد والنجف وكربلاء في مرمى داعش المتطرف، فأصدر السيستاني فتوىً يدعو فيها الشباب العراقي إلى حمل السلاح وقتال العدو. بعدئذٍ حاول المتحدثون باسم السيستاني توضيح أن مقصده كان انضمام المتطوعين إلى صفوف الجيش العراقي (الذي لم يعد موجوداً عملياً حينها)، غير أن معظم الشيعة العراقيين فسّروا فتواه تلك بأنها دعوةٌ إلى تشكيل ميليشياتٍ شيعيةٍ لقتال داعش، فشُكلت كثيرٌ منها، وباتت تعرف باسم وحدات الحشد الشعبي، وسرعان ما انخرطت في المعارك، غير أن بعض هذه الوحدات راحت تتلقى التمويل والتدريب من الحرس الثوري

الإيراني. ورغم ذلك أدى مقاتلو الحشد الشعبي دوراً مهماً في هزيمة داعش، وشكّلوا أحزاباً سياسيةً أضحت لاعبين مؤيدين لإيران في السياسة العراقية المتعثرة دائماً.

إن إرث آية الله العظمى لا يخلو من العيوب، ففي العام 2003 كان على الأرجح غير مكترث من المخاطر التي يحملها طغيان الأغلبية الشيعية، وليس من الواضح ما إذا كان فقهه الديني أهلاً لاستيعاب الحرية الكاملة لجميع العراقيين، بما فيهم من نساءٍ ومثليين. كما أن الميليشيات التي حشدها في عام 2014، سواءً بقصدٍ منه أم بدون قصدٍ، راحت تشكل خطراً دائماً على ما تبقى من الديمقراطية العراقية. غير أن دور السيستاني المحوري في تشكيل عراق ما بعد البعث دورٌ لا يمكن إنكاره، إذ تصدى لخطط المحتل الأمريكي الأكثر تسلطاً، فيما دعا أتباعَه إلى التزام الهدوء كلما كانت الأمور تسير في صالحهم، ورَفَض السلطة لنفسه ولزملائه، مفضلاً عليها تأكيدَ السلطة المعنوية. أضف إلى ذلك أن السيستاني، كما يرى جياد، قد وضع ضمناً للعراقيين أساساً فكرياً كي يجمعوا به بين أفضل ما في التنوير وتراثهم الإسلامي لتأسيس دولةٍ حديثةٍ تقبل مبدأ السيادة الشعبية. كما كان بحقٍّ رجلَ المواقف الكبرى، وسار على خطى غاندي في المعارضة السلمية، ونبَذَ العنف الطائفي رغم عجزه عن منعه في جميع الأحيان، وشكّلَ أغلبيةً برلمانيةً شيعيةً ما زالت في السلطة منذ ذلك الحين. وعندما أصبحت بغداد والجنوب الشيعي في مرمى داعش، ألهب السيستاني الروح الوطنية لدى الشباب وحشَدَ المتطوعين للدفاع عن البلاد ضد هذا التهديد؛ وكثيراً ما كان إحساسه بالإنسانية يتجاوز التقاليد السياسية والدينية الراسخة، ويأمل المرء أن يكُون إحساسُه هذا إرثَه الأخيرَ والأفضلَ للعراق.

خوان ريكاردو كول هو مفكرٌ ومدونٌ بارزٌ، وكاتب مقالاتٍ، وأستاذٌ في قسم ريتشارد ميتشل للتاريخ في جامعة ميشيغان.

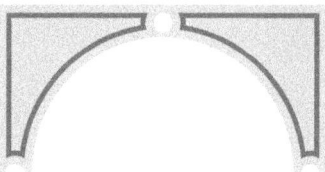

مقدمة

منذ مطلع القرن العشرين وحتى الوقت الحاضر هيمنت الاضطرابات على تاريخ العراق الحديث، إذ لم ينعم هذا البلد إلا بسنواتٍ قليلةٍ جداً من الاستقرار، فمن النضال لتشكيل دولةٍ مستقلةٍ، إلى ظهور الجمهورية وصولاً للكفاح من أجل التحرر من الدكتاتورية، مثّل العراق محوراً للنقاشات حول القومية ومسائل الهوية العرقية والدينية. وفي مراحل مختلفةٍ كان ثمة تشابكٌ ملحوظٌ بين السلطتين الدينية والسياسية، وكان كبارُ زعماء المذهب الشيعي في صميم هذا التشابك.[1] ومنذ تغيير النظام في عام 2003 يُعد آية الله العظمى السيد علي السيستاني أبرز هؤلاء الزعماء نظراً للسلطة غير الرسمية الواسعة التي يحظى بها رغم قلة ما يُعرَف أو يُكتَب عنه. يهدف هذا الكتاب إلى تسليط مزيدٍ من الضوء على شخصيةٍ وسياسة شخصٍ يحظى باحترام الملايين داخل العراق وخارجه.

إن الدور الأساسي للسيد السيستاني هو دور مرجع التقليد أي فقيه في الشريعة الإسلامية تشكل آراؤه وأحكامه مصدراً للسلطة الدينية لأتباعه، وعند الضرورة يدلي بآراءٍ تتعلق بالقضايا السياسية، أو يتدخل باستخدام سلطته الدينية لإحداث نتائج سياسيةٍ. وفي هذا الصدد قد ينظر السيد السيستاني إلى نفسه كشخصيةٍ دينيةٍ وحسب، غير أن موقفه وأفعاله تعني أن لدوره جوانبَ سياسيةً أيضاً.

والسيد السيستاني مواطنٌ إيرانيٌّ يعيش في العراق منذ أكثر من سبعين عاماً،[2] ولذا قد يستغرب المرء من اضطلاع شخصيةٍ غير عراقيةٍ بهذا الدور

المهم في السياسة العراقية، غير أن سلطة السيد السيستاني الدينية عابرةٌ للحدود الوطنية، وقد مكنه إخلاصه للعراق من الحفاظ على هذا الدور رغم الظروف الصعبة التي مر بها الرجلُ لعقودٍ، وذلك لإيمانه أن من واجبه رعايةَ أتباعه خاصةً، وشعبَ العراق عامةً.

اقتصرتِ الغالبية العظمى من المراجع على مرّ التاريخ على إصدار الفتاوى الدينية أو الأحكام الفقهية في الأمور اليومية التي تهم المؤمنين، ولم تتعاطَ السياسة التي تخص النظام المجتمعي ككلٍّ، لكن السيد السيستاني وثلةً من المراجع الآخرين تمكنوا من اكتساب نفوذٍ على نطاقٍ أوسعَ، فكانت لهم على المستوى الوطني أو الدولي تدخّلاتٌ تجاوزت مجتمعاتهم.[3] غير أن دور السيد السيستاني وحجم تأثيره لا نظير لهما مقارنةً بتلك المجموعة الصغيرة، وإن بروزه بين أقرانه أمرٌ في غاية الندرة لأنه يمارس نفوذاً سياسياً لا طاقة لغيره من المراجع في بسطه، كما أن مرجعيته – وهي شبكةٌ من رجال الدين والممارسات والمؤسسات التابعة للمرجع – فريدةٌ من نوعها في حجمها ونطاقها.

يمكن القول إن السيد السيستاني يمثل أكثر السلطات الدينية الشيعية نفوذاً منذ مطلع العهد الصفوي (1501-1629م) نظراً لنجاحه في تكريس السلطة في مجالاتٍ متعددةٍ في آنٍ واحد: كالدين والسياسة والاعتراف الدولي. وبأسلوبه المستمر والمتواضع، وضع السيد السيستاني رؤيةً للقيادة الدينية الشيعية التي وصفتُها بـ "القيادة المجتمعية"، رؤيةً تخالف نموذج آية الله السيد الخميني القائم على الحكم الديني المباشر في إيران، فظل تركيز نموذج السيد السيستاني منصبّاً على الدين والفكر الديني في حياة أتباعه اليومية، لكنه يضع السلطة الدينية خارج نطاق الدولة، فابتكر بذلك نموذجاً لكيفية تأثير رجال الدين في السياسة والدولة مع بقائهم خارجها، وهو نموذجٌ للنشاط الديني (أو الإسلاموية الشيعية إنْ صح التعبير) يدمج الدين في الحياة العامة بطريقةٍ تختلف جلياً عن النظام الثيوقراطي في إيران. استخدم المرشد الأعلى الإيراني السابق، السيد روح الله الخميني، مفهومَ ولاية الفقيه لتبرير الحكم الديني المباشر، بمعنى دولةٍ يحكمها رجال الدين، فيما دوّن السيد السيستاني سجلاً طويلاً يعتمد

على إرادة الأمة التي استخدمها مسوغاً منطقياً للقيادة المجتمعية، وهي نموذجٌ يقود فيه رجالُ الدين أتباعَهم في كل ما يقع خارج نطاق سلطة الدولة، مع المحافظة على حق الشعب في اختيار حكوماته؛ وقد سمح نموذج القيادة المجتمعية هذا للسيد السيستاني بممارسة السلطة والنفوذ في أماكن تعدت السكان الشيعة في العراق، وأدى إلى خلق إجماعٍ سياسيٍّ وطنيٍّ.

وعند النظر في نوع السلطة التي يمارسها السيد السيستاني، وكيف يمكن اعتبار دوره عند تقييم التاريخ السياسي الحديث في العراق، من المفيد الإشارة إلى مفاهيم اثنين من علماء الاجتماع البارزين للمساعدة في تأطير النقاش. أولاً، يشرح ماكس فيبر أن السلطة هي السلطان الذي يقبل بشرعيته أولئك الخاضعون له، ويعرّف ثلاثة أنواعٍ من السلطة: الكاريزمية، والتقليدية، والعقلانية-القانونية.[4] تتمثل السلطة الكاريزمية في قدرة المرء على دفع الآخرين إلى العمل وتعبئتهم مستعيناً بقوة شخصيته؛ ولا ريب أن السيد السيستاني يتحلى بهذا النوع من السلطة كما سنرى في هذا الكتاب، كما أنه يمتلك سلطةً تقليديةً من خلال مرجعيته التي يمكن اعتبارها موروثةً في بعض نواحيها، ويمتلك كذلك سلطةً عقلانيةً-قانونيةً (وهي نوعٌ من السلطة المؤسسية)، كما أكدها قانون الوقف الشيعي العراقي لعام 2005 وفي كتب الفقه الشيعي؛ وبالتالي فإن للسيد السيستاني مكانةً فريدةً تخوله ممارسة السلطة الشرعية على نحوٍ متزامنٍ من خلال قنواتٍ متعددةٍ، وتدعم هذا التحليلَ وجهةُ النظر القائلة بأن السيد السيستاني شخصيةٌ سياسيةٌ فضلاً عن كونه زعيماً دينياً.

ثانياً، يرى بيير بورديو أن رأس المال، بمفهومه الأوسع، يأتي في ثلاثة أشكالٍ (اقتصاديٍّ وثقافيٍّ واجتماعيٍّ)، وأن شكلاً رابعاً -رمزياً- يظهر عندما لا يعزو الناس آثارَ رأس المال إلى أيٍّ من الأشكال الثلاثة الرئيسة.[5] ويوضح ذلك المؤرخُ والباحث البارز في الشأن العراقي توبي دودج بقوله:

> إن رأس المال الاقتصادي، والقدرة على استخدام الموارد المالية أمران واضحان ومباشران. يأتي رأس المال الاجتماعي من مدى شبكات الفاعل وشركائه، [على حد تعبير بورديو] "أي حجم شبكة

المعارف التي يمكنه تعبئتها تعبئةً فعالةً". وأما رأس المال الثقافي فهو محوريٌّ في حجة بورديو القائلة بأن للثقافة قوةً تجزيئيةً داخل المجتمع. والنوع الرابع والأهم من رأس المال هو رأس المال الرمزي والسلطة الرمزية؛ وإن الصراع على السلطة الرمزية في الميدان السياسي العراقي هو المحور التفسيري الرئيس لهذه الورقة، إذ يمتلك رأس المال الرمزي القدرة على إضفاء الشرعية على ديناميات السلطة، فمن لديهم رأس المال الرمزي - كالكُتّاب والمعلمين والصحفيين على سبيل المثال - لديهم القدرة على تشكيل وإضفاء الشرعية على تصورات النظام الاجتماعي ... وتأتي السلطة الرمزية من القدرة على التعامل مع الأنظمة الرمزية التي توفر بدورها الإدراك الفردي والتواصل والتمايز المجتمعي.[6]

يرى بورديو أن الاقتصاد السياسي للدين ما يزال مؤسسةً مهمةً في المجتمع الحديث وأن "للسياسة الروحية" دوراً تؤديه، وإن هذا الفهمُ يجعل دراسة السيد السيستاني سياسيةً بطبيعتها، وذلك بالنظر إلى رأس المال الرمزي الذي يمتلكه والسياسة الروحية التي ينخرط فيها؛ لكن السيد السيستاني إذ لم يفصح عن أيديولوجيته السياسية بوضوحٍ، فقد ترك للآخرين تقييمها وإيجاد الأطر والمفاهيم الملائمة كي يضعوا ممارساته فيها.

ولأغراض المقارنة، تجدر الإشارة إلى أن سلطة السيد السيستاني، والحكم الديني الشيعي عموماً، تشبه سلطة الهياكل الدينية الهرمية الأخرى. على سبيل المثال، لننظر إلى دور البابا بالنسبة للكاثوليك حول العالم، وبطاركة الكنائس الأرثوذكسية الشرقية مثل الكنيسة الأرثوذكسية اليونانية، وكنيسة المشرق الآشورية، والكنائس الأرثوذكسية الروسية.[7] تندرج كل هذه الشخصيات في هياكلَ مماثلةٍ للسلطة، وتحظى بسلطةٍ واسعةٍ على مجتمعاتها، لكن الاختلاف في سلطة السيد السيستاني هو تأثيره في السياسة، وأن لسلطته غير الرسمية تأثيراً أكبر من تأثير غيره من الزعماء الدينيين.

ولتوضيح هذه الدراسة وإبقاء تركيزها منصبّاً على دور السيد السيستاني

في السياسة، اختزلتُ نطاقها واقتصرتُ على ذكرٍ مختصرٍ جداً لآرائه الدينية ومنهجه الفقهي، وتاريخ المرجعية بصفتها مؤسسةً، وتفاصيل حول عمل الحوزة العلمية، وتفسيراتٍ لكيفية ظهور المجتهدين (وهم فقهاءُ في الشريعة الإسلامية مؤهلون لإصدار الأحكام الدينية) والمراجع، وبعض جوانب تاريخ العراق والنجف على وجه الخصوص. غير أن هذه المواضيع توفر سياقاً لمرجعية السيد السيستاني وتدخلاته السياسية في العراق، ولذا ينبغي على القراء الرجوع إلى الأعمال المنشورة الأخرى التي تعطي عن ذلك مزيداً من الأفكار.[8]

لم يصفِ السيد السيستاني أيديولوجيتَه السياسية بنفسه، ولم ينشر أي عملٍ يشرح منطقه أو وجهاتِ نظره بشأن الأدوار السياسية للمراجع،[9] فهو لا يُجري مقابلاتٍ يشرح فيها تفاصيل فكره السياسي، ولا يدلي إلا بتعليقاتٍ عامةٍ محدودةٍ في القضايا السياسية الملحة؛ ولذا فإن تحليل أفعاله وتدخلاته وتصريحاته يساعدنا في فهم نهجه. إن المصدر الأساسي لهذه الدراسة هو التصريحات والأحكام الصادرة عن السيد السيستاني ومكتبه، وخطب صلاة الجمعة التي يلقيها ممثلوه في كربلاء، وكتابات وتعليقات المقربين من السيد السيستاني، وملاحظات السياسيين ورجال الدين والدبلوماسيين الأجانب، وآخرين، ممن التقَوا به؛ وكل ذلك مدعومٌ بمصادرَ ثانويةٍ، وموادَّ أخرى تتعلق بالسيد السيستاني والمرجعية عموماً، وتحليلي الخاص المبني على تجاربي. يُعد الموقع الرسمي للسيد السيستاني، sistani.org، ومواقع العتبات المقدسة في كربلاء، نقاطاً مرجعيةً جيدةً، ولا سيما السيرة الذاتية الرسمية الموجودة في موقع السيد السيستاني على الانترنت.[10]

إن الكتابة عن شخصيةٍ حيةٍ ذاتِ سلطةٍ هائلةٍ هي مهمةٌ شاقةٌ، وعند تقييم حياة السيد السيستاني ثمة عدة أمورٍ يجب أخذها بالاعتبار، وأحدها هو أن السيد السيستاني مرجعٌ دينيٌّ يتبع تعليماتِه وتوجيهاتِه عشراتُ الملايين من الناس حول العالم، ويُنظر إلى دوره على أنه امتدادٌ للقيادة الإلهية. والحقيقة الأخرى هي صعوبة الوصول إلى السيد السيستاني، وأننا لا نعلم سوى القليل جداً عن حياته قبل عام 2003، وما نعرفه بعد ذلك العام

فيقتصر معظمه على البيانات الرسمية، ما يجعل تقييم آرائه السياسية أكثر صعوبةً مما ينبغي، وذلك نظراً لدوره المهم في العراق. كما أن الكتابة بأكبر قدرٍ من الموضوعية عن شخصيةٍ يحترمها مؤلف هذا الكتاب أشد الاحترام، عندما تقترن تلك الكتابة بضرورة إلقاء نظرةٍ نقديةٍ على السياسة والقادة العراقيين، ليس بالأمر الهين. يهدف هذا الكتاب إلى وصف الدور السياسي للسيد السيستاني بصفته مرجعاً، لا إلى تقديم سيرةٍ ذاتيةٍ كاملةٍ عنه، أو تقديم وصفٍ شاملٍ للأيديولوجية السياسية الشيعية.

وكما يصف الفصل الأول من هذا الكتاب، فإن مرجعية السيد السيستاني تتبنى سياسة التعتيم، ما يصعّب من البحث فيه وتحليله. بدأ اهتمامي بالسيد السيستاني في عام 2002 خلال الفترة التي سبقت الغزو الأمريكي للعراق، وسعيتُ إلى فهم موقف السيد السيستاني في العراق وما سيكون عليه بعد الحرب. وفي السنوات العشرين التي تلت ذلك سعيتُ لجمع أكبر قدرٍ ممكنٍ من المعلومات عن السيد السيستاني، فأفردتُ كثيراً من زياراتي إلى النجف لفهم كيفية عمل مرجعيته؛ وتحدثتُ إلى العديد من طلاب السيد السيستاني ورجال الدين في النجف وقم في إيران ممن كانوا على درايةٍ بنهج السيد السيستاني في السياسة، والسياسيين الذين تفاعلوا مع السيد السيستاني، وقد وفّرت هذه اللقاءات والمقابلات كثيراً من المواد المصدرية لهذا الكتاب، لا سيما مواقف وآراء السيد السيستاني وأفكاره. وإن معظم المعلومات التي تلقيتها في هذه الاجتماعات والمقابلات قُدمت إليّ بشكل خاص، فاحترمتُ طلباتِ عدم الكشف عن هوية من قدّمها لي في هذا العمل.

تقع هذه الدراسة في أربعة فصولٍ يعطي أولُها خلفيةً عن دور المراجع في السياسة، وفيه تقييمٌ لسلطتهم السياسية وسبب كون المرجعية مؤسسةً مغلقةً، فيما يقدم الفصل الثاني سيرةً ذاتيةً مختصرةً للسيد السيستاني، ويوثّق تدخلاتِه السياسيةَ منذ عام 2003 وما بعد؛ ويحلل الفصل الثالث آراء السيد السيستاني وأفعاله في محاولةٍ لوصف أيديولوجيته السياسية؛ وأما الفصل الأخير فهو خاتمةٌ تبحث في إرث السيد السيستاني وانتقاداته الرئيسة ومستقبل المرجعية بعد السيد السيستاني.

يُعد هذا الكتاب الأولَ من نوعه، ومن المأمول أن تعطي هذه المساهمة للقراء صورةً أوضح عن فلسفة السيد السيستاني وسبب أهميته للعراق، فالسيد السيستاني في نظري - بكل المقاييس المطبقة تقليدياً لتقييم مكانة آيةٍ من آيات الله - هو أكثرُ مراجع النجف تأثيراً على الإطلاق، وسيكون لإرثه تأثيرٌ على العراق والمسلمين الشيعة لأجيالٍ قادمةٍ.

1

السلطة الدينية في المذهب الشيعي

ثمة نوعان من المناقشات المهمة حول السلطة الدينية التي ينبغي تناولها قبل تقييم دور السيد السيستاني، وهذه المناقشات تسمح لنا بفهم الظروف والقيود التي يعمل في ظلها؛ فالسيد السيستاني حلقةٌ واحدةٌ في سلسلةٍ من زعماء الشيعة التي يعود تاريخها إلى أكثر من ألف عامٍ، وثمة تقاليدُ وتوقعاتٌ قويةٌ حول الكيفية التي من المفترض أن تتصرف بها المرجعية، ولا سيما في النجف.

دور المرجعية في السياسة

تُنسب السلطة في المذهب الشيعي بكل أشكالها إلى النبي محمدٍ والأئمة الاثني عشر في الأصل، فَهُم ورثة سلطة النبي وعلمه؛ وقد دارت على مر القرون مناقشاتٌ نقديةٌ حول السلطة الدينية والحكم السياسي للأئمة الأحد عشر الأوائل وممثليهم خلال حياتهم، والتي تنبع من عقيدة الإمامة؛ أما ما يهمنا هنا فهو التركيز على السلطة بعد بدء الغيبة الكبرى للإمام الثاني عشر المهدي (941 م)، وتحديداً على أصحاب السلطة بدلاً من تناول موضوع السلطة الإلهية نفسها.[11] وبسبب غيبة الإمام المهدي وعدم إمكانية الوصول إليه، شغل رجال الدين دور القيادة الدينية تدريجياً فأكدوا استناداً إلى الأدلة العقلانية والتقليدية أنهم نوابه غير المباشرين

إلى حين ظهوره.

وعلى مرّ جلّ التاريخ الإسلامي، كان تركيز الاجتهاد منصبّاً على المسائل الدينية الشخصية، غير أن تركيزه اتسع بفعل التطور البشري ليشمل النظر في الشؤون المجتمعية أيضاً؛ فحوّل هذا التقدمُ رجالَ الدين من مراجع محليين في الغالب إلى شبكةٍ معقدةٍ وعالميةٍ من السلطة الدينية، وليس من قبيل الصدفة أن يتطور الفقه السياسي الشيعي كلما زاد تفاعل العلماء مع الدولة بصفتهم مراجع دينيين معترَفاً بهم. ولما كان الشيعة دائماً أقليةً بين عموم المسلمين ونادراً ما تولّوا السلطة السياسية، فقد تجنب المراجعُ في الغالب، على حد تعبير الباحث حامد مافاني، "التحدي المتمثل في تقديم المشورة البراغماتية والعملية بشأن حكم الدولة، ولذا لم يشعروا بأي ضغطٍ أو إلحاحٍ لتطوير نظريةٍ للدولة تتوافق مع مصادر الإسلام النصية."[12]

ومنذ العام 941 للميلاد أصبح رجال الدين الشيعة أصحابَ السلطة الدينية الحصريين في المذهب الشيعي، أما في القرون الثلاثة الماضية فقد تولى المراجعُ هذا الدورَ.[13] إن وجود مرجعٍ أعلى واحدٍ - الأول بين أقرانه – لم يكن ضرورةً على الإطلاق، غير أن هذا المرشد كان موجوداً في بعض الفترات من التاريخ؛ وأما المرجعية في السياق الحديث، فهي نظامٌ عابرٌ للحدود الوطنية قوامه السلطةُ الدينية والشبكة التي تمثل المرجع. من الحوزة ينبثق أفرادٌ مهيؤون لأن يصبحوا مراجع ويشكلوا الأساس لتلك الشبكات، أي أنها الهيروقراطية او نظام الحكم الداخلي لرجال الدين. وفيما يعود تاريخ السلطة الدينية للمراجع إلى عام 941 للميلاد، تطورتِ المرجعية كمؤسسةٍ في الآونة الأخيرة، وذلك بدءاً من القرن التاسع عشر فصاعداً.[14] والنجف هي المقر الأعلى للحوزة العلمية في هذه الفترة اللاحقة، غير أن مدناً أخرى كبغداد وكربلاء والحلة كان لها أهميتها في فتراتٍ سابقةٍ من الزمن.[15] شهدتِ السنوات الثمانون الماضية توجهاً نحو إضفاء الطابع المؤسسي على الحوزات والمرجعية من أجل مواكبة التقدم التكنولوجي والعولمة.

إن الطريق إلى أن يصبح المرء مرجعاً طريقٌ طويلٌ، ويتطلب عقوداً من

الدراسة والتدريس في الحوزة، وفوق ذلك يعتمد الأمر على عوامل أخرى يصعب تقييمها أو قياسها؛ ولأن رجال الدين أحرارٌ في أن يصبحوا مراجعَ، وأنْ ليس للمذهب الشيعي رئيسٌ يُنتخب بالطريقة التي يُنتخب بها البابا في المسيحية الكاثوليكية، فقد نجد مرجعياتٍ دينيةً متعددةً في نفس الوقت، وقد يحتفظ كل مرجعٍ بالحق في إصدار الأحكام الدينية أو إطلاق الآراء السياسية - رغم تعارضها الممكن مع آراء أقرانه - ولا يحق لأي مرجعٍ تجريدُ أو عرقلة سلطة مرجعٍ آخر؛ وبالتالي فإن سلطة المراجع الدينية لا تنحصر في يد واحدٍ منهم وحسب. قد يمارس العديد من المراجع السلطة الدينية في آنٍ واحدٍ، وهو تداخلٌ يؤدي إلى نتيجتين عريضتين: الخلاف والصراع، أو التعاون والتوافق، وهذا الأخير ما حدث في الغالب عبر التاريخ.

إن دور المراجع في السياسة يحدده جدلٌ قديمٌ حول ما إذا كان الإسلام يفرض شكلاً معيناً من أشكال الحكم، وقد بينت مصادر الشريعة الإسلامية أنها لا تنص على نظامٍ بعينه، بل إن الشاغل الرئيس للشريعة الإسلامية هو أن تكون الحكوماتُ عادلةً وأن تؤسس مجتمعاً قائماً على المساواة؛ وهذا يعني أن الديمقراطية والثيوقراطية والاستبداد وغيرها من أشكال الحكم يمكن أن تكون شرعيةً ما دامت تخدم هذا الغرض. والسؤال التالي هو ما إذا كان على الحكومات أن تكون إسلاميةً في غياب زعيمٍ ذي تفويضٍ ربانيٍّ. لا يرى غالبية العلماء ضرورةً في أن تكون الحكوماتُ إسلاميةً، فالأمر عائدٌ إذن لاختيار الشعب. من جهةٍ أخرى يرى بعض العلماء أنه يجب حظر إنشاء حكوماتٍ إسلاميةٍ لأن الإمام المعصوم وحدَه قادرٌ على التصرف وفقاً للسلطة الإلهية؛ بينما يرى علماء آخرون؛ كآية الله السيد روح الله الخميني (المتوفى سنة 1989)، أن على الحكومات أن تكون إسلاميةً، وأن على المجتمعات السعيَ جاهدةً لتشكيل حكوماتٍ إسلاميةٍ.

وبذا أصبح لدينا وجهتا نظرٍ تاريخيتان متباينتان حول دور المراجع في السياسة؛ فترى إحدى وجهات النظر، وهي السائدة، أن نطاق نفوذ المراجع وسلطتهم كان مقصوراً على شؤون المجتمع (الأمور الحسبية)، والتي تشمل على حد تعبير مافاني، "وظائف منها إصدارُ الآراء القانونية في المسائل الشرعية، وتطبيق قانون العقوبات (إقامة الحدود) والعقوبات

التقديرية (التعزير)، والأمر بالمعروف والنهي عن المنكر، وإقامة صلاة الجماعة (خاصة صلاة الجمعة)، والإشراف على الأوقاف وجباية الأموال الشرعية، وتكون لها سلطةٌ محدودةٌ على الأشخاص والممتلكات (على سبيل المثال، الولاية التقديرية على الأطفال والأيتام والمختلين عقلياً والأوقاف والممتلكات مجهولة المالك)."[16] وعندما أصبح المذهب الشيعي دين الدولة الرسمي في إيران في عهد الإمبراطورية الصفوية عام 1501، راح المراجع يكتسبون مزيداً من السلطة ما أدى بالمحقق الكركي (المتوفى سنة 1533) والمقدس الأردبيلي (المتوفى سنة 1585)، وآخرين، إلى النظر في مسألة التفويض السياسي للمرجع وسلطته.[17]

وقد شكّل هذا التطور أساساً لوجهة النظر الثانية عن سلطة أو ولاية الفقيه، والتي طرحها لأول مرةٍ طرحاً منهجياً الملا أحمد النراقي (المتوفى سنة 1829)، والذي ينظر إلى الفقيه الديني – المرجع – على أنه الوصي على المجتمع، وأكثر خدمةً لمصالحه من السياسيين؛ فمنح هذا الرأيُ المرجعَ سلطةً واسعةً على المجتمع، بما في ذلك الشؤون السياسية، لا ليكون الحاكمَ بالضرورة، بل ليضمن عدم مخالفة الحكومات للإسلام.

أُثير في القرن العشرين كثيرٌ من النقاشات حول السلطة الدستورية، حيث سعى بعض المراجع إلى الحد من سلطة الملك؛ فكان آية الله الشيخ محمد حسين النائيني (المتوفى سنة 1936) المؤيدَ الرئيسَ للدور الإشرافي لشورى الفقهاء على الدولة دون أن يشارك في الحكومة على نحو مباشرٍ؛ أما أقوى حجةٍ لحكم المراجع المباشر فقد قدمها السيد الخميني منذ عام 1970، فوسّع دور المرجع بوصفه النائب غير المباشر للإمام حيث، على حد تعبير مافاني، "يطبّق أحكام الشريعة الإسلامية ويكون بمثابة ولي الأمر والوصي على الشعب."[18] وقد تطورت وجهة النظر الإشرافية تلك، وفي نهاية المطاف حددت مرجعاً واحداً حاكماً للدولة الإسلامية (في وقتٍ لاحقٍ رأى أنصار هذا الرأي أنه لا ضرورة في أن يكون مرجعاً، بل يكفي وجود رجل دينٍ مؤهلٍ)؛ وهذا هو الشكل الحالي للحكومة في إيران. وما تزال فلسفة الدور الإشرافي وجهةَ نظر الأقلية بين المراجع اليوم، حيث لا تؤيد أغلبيةُ المراجع الحكمَ المباشر لرجال الدين، بل تتخذ

موقفاً وسطاً يجمع بين عناصر من وجهتي النظر كليهما.

يسعى بعض المراقبين إلى اعتبار الاختلافات بين وجهتي النظر الرئيستين حول دور المراجع انقساماً حقيقياً بين الهادئ والنشِط؛ غير أن الباحث محمد كلانتري يشير إلى أن هذا "التمييز يسيء فهم العقيدة السياسية الشيعية والتاريخ السياسي المعاصر للشرق الأوسط."[19] إن المدارس الفكرية الرئيسة اليوم حول دور المراجع في السياسة هي المدرسة النجفية (التي يصفها معظم العلماء الغربيين وصفاً غير دقيقٍ بالمدرسة الهادئة أو اللاتدخلية)، والتي ينتمي إليها السيد السيستاني، ومدرسة ولاية الفقيه المطلقة، (والتي تسمى خطأً بمدرسة قم). تحصر المدرسةُ النجفية دور المرجع في دورٍ استشاريٍّ، أو تؤيد دوراً أكثر نشاطاً تبعاً لمطالب الشعب وموافقته؛ بينما تمنح ولايةُ الفقيه المطلقةُ مرجعاً أو أكثر الحقَّ في الحكم كامتدادٍ للسلطة الإلهية غير المباشرة.[20] تلك هي الآراء النظرية، لكن المراجع منخرطون في السياسة بطرقٍ أخرى انخراطاً غير علنيٍّ، وهذا التأثير الشبكي يعني أن معظم المراجع ينشطون في السياسة بشكلٍ ما ويهتمون بها. لا يوجد اليوم في واقع الحال مرجعٌ كبيرٌ يدعو إلى تجنُّب السياسة كلياً؛ ولذا يبدو أن السياق والظروف والحظوظ والتحديات التي يواجهها المراجع تساعد في تحديد ما إذا كانوا سيضطلعون بدورٍ سياسيٍّ أكبر أو أصغر.

ثمة طريقةٌ بديلةٌ لتأطير هذين النهجين، وهي من خلال استخدام مصطلحات "القيادة المجتمعية" التي تعكس التقليد النجفي الذي تشارك فيه السلطة الدينية على نحوٍ غير رسميٍّ في السياسة وتكون استشاريةً ولا تُستخدم للحكم؛ و"حكم رجال الدين المباشر" وهو النهج الذي تتبناه ولاية الفقيه عندما يتعلق الأمر بالسياسة، حيث يتولى كبار رجال الدين مناصبَ رسميةً في الدولة، ويمارسون سلطتهم في الحكم.

المرجعية كمؤسسةٍ مغلقةٍ

"نظامنا غير نظامي،" هو الوصف الذي يسمعه المرء عندما يسأل المطلعين على شؤون الحوزة العلمية حول كيفية عمل المرجعية، وما هي عملياتها المؤسسية؛ ولا يعني هذا الوصف أن ليس لدى المرجعية نظامٌ، بل يُقصد به أنها ليست منظمةً بالمعنى الرسمي أو البيروقراطي، وأنها تبدو غير رسميةٍ وغير مقننةٍ؛ وليس معنى ذلك أنها حالةٌ من الفوضى أو الاضطراب، بل أنها نتيجةٌ لتقليدٍ دام قروناً وتطورَ ليمنح السلطة الدينية الشيعية استقلالاً وليحمي ذلك الاستقلال.

إن غياب نظام رسمي يمكن تقسيمه إلى جزأين. يتضمن الجزءُ الأول الحفاظَ على تسلسلٍ هرميٍّ لامركزيٍّ مع اساليب غير رسميةٍ ونموذجٍ تربويٍّ لا يعتمد على الامتحانات الرسمية والشهادات، ما يجعل من الصعب استنساخه في بيئةٍ خارجيةٍ. ويتضمن الثاني التعتيمَ على طريقة عمل الحوزة والمرجعية بحيث لا يتمكن من التأثير فيهما والوصول الكافي إليهما سوى من هم في داخلهما.

تنتهج المرجعية والحوزة سياسةً متعمدةً في الحفاظ على التعتيم، وذلك لعدة أسبابٍ. الأول هو تجنب تسلل عملاء الدولة والأجانب إلى الحوزة، وتجنب احتمال حدوث اضطراباتٍ داخليةٍ؛ والثاني هو منع استمالة الدولة للحوزة والحفاظ على استقلالها عنها، وذلك باستخدام اساليب الفقه المتطورة للغاية، والتي يصعب تدريسها ويصعب على غير المتخصصين فهمها؛ والثالث هو التمسك بتقاليد السلطة الدينية الذي يبلغ عمره ألف عامٍ، والذي أثبت نجاحه ويتفادى تقويضه بإصلاحاتٍ غير ضروريةٍ؛ أما السبب الرابع للتعتيم فهو إبقاء نقاط الضعف في الحوزات والمرجعية مخفيةً عن الخصوم لتقليص احتمال استغلال نقاط الضعف تلك.

والمرجعية ليست مؤسسةً مفتوحةً، إذ لا يستطيع عامة الناس تقييمها بشفافيةٍ كاملةٍ أو مساءلتها. إن كيفية اختيار المرجعية وآلية عملها والتمويل الذي تتحكم فيه وسياساتها وشبكتها وآليات إدارتها الداخلية ليست متاحةً للاستقصاء.[21] تاريخياً، لم يكن ثمة أي ضغطٍ أو حافزٍ حقيقيٍّ

لتغيير هذا النموذج لأن المراجع ركزوا في الغالب على توفير الإرشاد الديني، ولم تكنِ المبالغ الصغيرة من الحقوق المحصلة والخدمات المقدمة كبيرةً بما يكفي لجذب انتباه الدولة،[22] لكن توسيع المرجعية لقدراتها ومواردها، كما فعلت في عهد السيد السيستاني، وإنشاء الخدمات العامة وتوليد كثيرٍ من الأموال من خلال الاستثمار سيزيد من تساؤل عامة الناس والحكومات حول كيفية إدارة المرجعية لشؤونها. يُعد الفساد في العراق واقعاً يؤثر على معظم المؤسسات والخدمات، ولذا فمن المنطقي توقع أن يؤثر الفساد في المرجعية بطريقةٍ أو بأخرى. بالإضافة إلى ذلك، ومع تنامي النفوذ السياسي للمرجعية، تزايدت أيضاً التساؤلات حول كيفية وصول السيد السيستاني إلى مكانته وممّ يتكون نفوذه ومدى خضوع تدخلاته للمساءلة.

من غير المرجح أن تتحلى المرجعية طوعاً بمزيدٍ من الشفافية، غير أن سلطة المرجع تعتمد على قبول الناس له وثقتهم به؛ فقد يكون المجتهد مؤهلاً ليصبح مرجعاً، لكنه دون أتباعٍ سيظل مجرد أستاذ في الحوزة.[23] وبعبارةٍ أخرى، ووفقاً لما كتب الاستاذ سجاد رضوي: "حتى لو اضطلع المجتهدون باختيار المراجع، فدون القبول الشعبي ستكون مرجعيتهم غير فعالةٍ."[24] يُعتقد أن هذا الواقع مصونٌ بالتأثير الخفي للإمام الثاني عشر، وذلك أن المراجع هم ممثلوه، فمَن كان منهم جديراً بالوصول إلى رتبة مرجعٍ غدا قادراً على حشد كثيرٍ من الأتباع اعتماداً على الدعم الإلهي من الإمام.

وتُعد هذه الثنائية من السلطة الدينية – المرجع وأتباعه – تجسيداً لمبادئ البيعة والمعاهدات التي أبرمها النبي محمدٌ مع المسلمين وغير المسلمين كزعيمٍ سياسيٍّ. يقدم المرجعُ نفسَه ويقبل الشعب مرجعيته ويبدؤون اتباعه، وهكذا يتحول المرجع المحتمل إلى مرجعٍ حقيقيٍّ.[25] تعمل هذه الشرعية كأساسٍ لعقدٍ غير معلنٍ: سيتخذ المؤمنون مرجعاً يتبعون أحكامه مقابل تقديمه التوجيه والإرشاد لهم والإفتاء في صحة أعمالهم الدينية.

إن طبيعة السيد السيستاني الانعزالية جعلت مرجعيته أكثر غموضاً، ما

أدى جزئياً إلى بناء هالةٍ من الغموض حوله وجعله أصعب المراجع وصولاً إليه عبر التاريخ.[26] ويمثل هذا تناقضاً؛ فهو مرجعٌ منعزلٌ، لكنه المرجع الأقوى على الإطلاق؛ وهذا أحد الأسباب التي تجعل دور السيد السيستاني دوراً غير مسبوقٍ. لا يلقي السيد السيستاني خطاباتٍ ولا يُجري مقابلاتٍ، ونادراً ما يدلي بتصريحاتٍ، ولا ينشر أعماله ولا يعطي الدروس على الملأ، ولم يُر خارج منزله إلا في بضع مراتٍ في السنوات الخمس والعشرين الماضية؛ ومن النادر جداً إجراء أي اتصالٍ مباشرٍ معه، وعادةً ما تُنقل إليه الرسائل عبر وسطاءَ، وهو ما يمثل خروجاً كبيراً عن ممارسات أسلافه ومعاصريه؛ وهذا ما يجعل دراسة السيد السيستاني مَهمةً صعبةً تضطر الباحثَ إلى الاعتماد على البيانات الرسمية وآراء الطرف الثالث.

ثمة القليل جداً من المصادر المنشورة عن السيد السيستاني قبل عام 2003، ولذا من الصعب مقارنة كيفية تغير وجهات نظره مع مرور الوقت. من المعقول توقع أنه ظل ملتزماً بمبادئه، وخاصةً تلك المتعلقة بدور المراجع في العالم الحديث، لكن من المحتمل أيضاً أن يكون لتجاربه بعد عام 2003 تأثيرٌ على بعض آرائه؛ وربما كان تاريخ إيران، وخاصةً منذ عام 1979، قد غذى السيد السيستاني بكثيرٍ من الأفكار فيما يتعلق بالسياسة والسلطة الدينية.[27] إن من الواضح أن نتائج التدخلات الرئيسة التي قام بها السيد السيستاني في العراق، كالضغط من أجل إجراء الانتخابات والدستور، وتحقيق الإجماع بين الأحزاب الشيعية، وفتواه لعام 2014 التي دعا فيها العراقيين إلى النهوض لمحاربة داعش، قد دفعته إلى تقييم موقفه كما سنرى لاحقاً؛ لكننا لا نملك لسوء الحظ سوى القليل من المعلومات عن كيفية تغير تفكير السيد السيستاني؛ وهذا التعتيم حول السيد السيستاني، الرجل والمرجع، هو أحد الأسباب التي تدفعنا لوصف المرجعية بأنها مؤسسةٌ منغلقةٌ.

إن من إحدى السمات الهيكلية للمرجعية التي تمنحها القوة، وتزيد من غموض عمليات صنعها للقرار هي طبيعتها متعددة الأوجه،[28] فثمة مراجع عدةٌ في نفس الوقت، ولكلٍّ منهم سلطته التي يمارسها بطرقٍ مختلفةٍ، وهذا ما قد يحقق توازناً للقوى بين المراجع، أو يؤدي إلى التشرذم؛ لكن في

حالة النجف، عادةً ما يؤدي ذلك التعدد إلى ظهور طبقةٍ عليا من المراجع الذين يتولون دوراً سياسياً، فيما يظل الآخرون مقتصرين على الفقه. طوال معظم السنوات الخمس والعشرين الماضية، كان في النجف أربعةٌ من كبار المراجع، وهم آية الله السيد محمد سعيد الحكيم (المتوفى سنة 2021)، والشيخ محمد إسحاق الفياض، والشيخ بشير حسين النجفي، والسيد السيستاني. وفي بعض الأحيان يظهر المرجع "الأعلى بين أقرانه"، كما كان الحال مع المرجع السيد محسن الحكيم (المتوفى سنة 1970)، والسيد أبو القاسم الخوئي (المتوفى سنة 1992)، والسيد السيستاني، لكن يمكن أن تكون ثمة منافسةٌ ووجهاتُ نظرٍ متعارضةٌ أيضاً. ظهرت هذه المنافسة في عهد الآخوند الخراساني (المتوفى سنة 1911) والسيد اليزدي (المتوفى 1919) في مطلع القرن العشرين، وكلاهما كان من كبار المراجع في عصرهما.[29] وفي الوقت الحالي يدعم المراجع في النجف قيادة السيد السيستاني؛ وعلاوةً على ذلك، فإن التوجه النجفي الذي يقدم فيه رجال الدين المشورةَ للسياسيين لكنهم لا يحكمون على نحوٍ مباشرٍ يحظى بتأييدٍ واسع النطاق؛ بما في ذلك في قم التي يتبع العديد من المراجع فيها التوجه النجفي.

2
السيستاني الرجل والمرجع

سأحاول في هذا الفصل سردَ سيرةٍ سياسيةٍ موجزةٍ للسيد السيستاني لأسلط الضوء على تدخلاته وسياقها. بعض المعلومات الواردة هنا تُذاع لأول مرةٍ، ورغم أن هذا الفصل لا يستفيض في الحديث عن السيد السيستاني، لكنه يقدم فكرةً واضحةً عن دوره السياسي في العراق.

سنوات النشأة

وُلد السيد علي الحسيني السيستاني في مدينة مشهد بإيران في 4 آب / أغسطس عام 1930 لعائلةٍ دينيةٍ يعود نسبها إلى الإمام عليٍّ وفاطمة الزهراء ابنة النبي محمدٍ،[30] ومن أسلافه محمد باقر استرابادي (المتوفى سنة 1631)، والمعروف أكثر باسم مير داماد، وهو أحد أكثر العلماء احتراماً في المذهب الشيعي، والرائد في حوزة أصفهان؛ وقد عُين حفيد حفيد مير داماد، السيد محمد، شيخا للإسلام لمنطقة سيستان (شرق إيران حالياً) في مطلع القرن السابع عشر من قبل الشاه الصفوي حسين الأول، وبعد ذلك أصبحت العائلة تُعرف باسم السيستاني. عاد أبناء السيد محمد تدريجياً إلى أصفهان التي كانت تعتبر أكثر وطناً لهم، ثم انتقل أحد أحفاده، وهو السيد إبراهيم، إلى مشهد فأسس فيها عائلة السيستاني.

كان السيد علي السيستاني (المتوفى سنة 1922) جد آية الله السيستاني والذي سمي باسمه أول مولودٍ للعائلة في مشهد، غير أنه درَس ودرّس

في النجف وسامراء لسنواتٍ عديدةٍ قبل أن يعود إلى مشهد عام 1900.[31] وبعد وفاة السيد علي السيستاني الجد، خلَفه ابنُه السيد محمد باقر (المتوفى سنة 1951) كإمامٍ في مسجد كوهرشاد المجاور لضريح الإمام الرضا.[32]

أما والدة آية الله السيستاني فهي ابنة السيد رضا المهرباني السرابي، وهو رجل دينٍ من أبناء مشهد،[33] وللسيد السيستاني خمسةُ إخوةٍ أصغر منه، وهم محمودٌ، وهادي (لا يزال على قيد الحياة)، وإبراهيم، وجواد، وحسين، وله كذلك سبع شقيقاتٍ من زواج أبيه الأول.[34]

وفي زيارةٍ لمشهد عام 1955 تزوج السيد السيستاني ابنة السيد حسن علي آغا الشيرازي، حفيد الميرزا الشيرازي؛ وللسيد السيستاني وزوجته سبعة أطفالٍ، خمسُ بناتٍ وصبيان هما السيد محمد رضا (مواليد 1962) الذي يدير مكتبه، وهو عالمٌ يحظى بتقديرٍ كبيرٍ، والسيد محمد باقر (مواليد 1967) وهو أيضاً عالمٌ بارزٌ من علماء النجف.[35]

تنقسم مسيرة السيد السيستاني الدينية عندما كان طالباً إلى ثلاثة أقسامٍ: الأول كان في مشهد بين سن الخامسة والتاسعة عشرة؛ والثاني كان في قم بين سن التاسعة عشرة والواحدة والعشرين؛ والثالث كان في النجف بين سن الحادية والعشرين والواحدة والثلاثين؛ فكانتِ البدايةُ في مشهد إذ التحق بمدرسةٍ دينيةٍ شرع فيها بتعلُّم القرآن واللغة العربية والتعليم الابتدائي، ثم التحق رسمياً في مطلع عام 1941 بحوزة مشهد لدراسة العلوم الإسلامية.

ظهر نبوغ السيد السيستاني منذ بداية تعليمه، فكان متفوقاً في دراسته، وسرعان ما وصل إلى مراحل متقدمةٍ في دراسته في الحوزة؛ وكان مولعاً بالفلسفة واستعمالها في العلوم الإسلامية لولا أن أحد أساتذته، وهو الميرزا مهدي الأصفهاني (المتوفى سنة 1946) والذي كان ناقداً شرساً للفلسفة، دفعه إلى "الحياد حيالها، وعدم تأييد أو إدانة [دراستها]" وذلك نقلاً عن عبد العظيم المهتدي البحراني.[36] وبحلول نهاية عام 1949 كان السيد السيستاني قد أكمل في مشهد أعلى مستوىً من الدروس في

الفقه والأصول والإلهيات والفلسفة، فقرر الانتقال إلى قم التي كانت حوزتها العلمية تضم طيفاً أكبر من الأساتذة الأوسع علماً.[37]

وفي قم حضر السيد السيستاني دروس العديد من كبار العلماء، فكان منهم آية الله السيد محمد الحجة الكوهكمري (المتوفى سنة 1953) في الفقه؛ لكن السيد السيستاني كان أكثر التزاماً بدروس آية الله السيد حسين الطباطبائي البروجردي (المتوفى سنة 1961)، حيث درس على يده الفقه والأصول لعامين.[38] ومن بين جميع الأساتذة الذين تتلمذ السيد السيستاني على أيديهم خلال مراحلَ مختلفةٍ، والذين يقترب عددهم من الثلاثين، كان للسيد البروجردي الأثر الأكبر فيه، سواءً لناحية أيديولوجيته الدينية أو السياسية،[39] وكان السيد البروجردي أعلى مرجعٍ في إيران، ولطالما نجح في إقناع الدولة باحترام الشريعة الإسلامية مستخدماً منصبه وشبكته لحشد الدعم الجماهيري والضغط على الحكومة دون الدعوة إلى الثورة أو الحكم المباشر لرجال الدين، بخلاف غيره من العلماء.[40]

وفضلاً عن تمحصه براغماتية السيد البروجردي الوسطية، تعرّف السيد السيستاني الشاب خلال فترة وجوده في قم على أجنحةٍ مختلفةٍ من الحركة الدينية؛ وكان هناك الجناح الثوري ممثلاً بآية الله السيد روح الله الخميني الذي دعم الرقابة الدينية بقوةٍ، ثم دَعَمَ الحكم الديني لاحقاً؛ وأما الجناح التقليدي فكان متحالفاً مع الشاه، ويرى أن على رجال الدين أن ينأوا بأنفسهم عنِ السياسة.[41] خلال السنوات (1949-1951) التي قضاها السيد السيستاني في قم، كان التوتر بين السيد الخميني والسيد البروجردي في تزايدٍ إذ أصدر الأخيرُ أمراً يمنع طلاب الحوزة من الانضمام إلى الأحزاب أو دخول معترك السياسة[42]؛ وحينئذٍ زادت حوزة قم من هيبتها، وزاد حجمها ومكانتها وتنظيمها، وأصبح السيد البروجردي أعلى سلطةٍ دينيةٍ للمسلمين الشيعة على مستوى العالم، كما نال احترام الشاه. كانت تلك الفترة فترة التكوين بالنسبة للسيد السيستاني، وشكلت لاحقاً آراءه وسلوكه عندما أصبح مرجعاً وواجه محناً مماثلةً في التعامل مع الحكومات ورجال الدين.[43]

في أواخر عام 1951 قرر السيد السيستاني الذي كان آنذاك في الحادية والعشرين من عمره الانتقالَ إلى النجف لمواصلة دراسته، فأقام في مدرسة البخارائي في محلة الحويش بالمدينة القديمة.[44] ووفقاً للمرحوم الشيخ حسين الأميني، الذي التقى السيد السيستاني لدى وصوله في كانون الأول / ديسمبر 1951، كان السيد السيستاني مجتهداً أصلاً عندما دخل النجف،[45] وفي العقد التالي درس العلوم الإسلامية على يد العديد من كبار العلماء، بما في ذلك آية الله السيد محسن الحكيم، وآية الله السيد محمود الشاهرودي (المتوفى سنة 1974)، لكنه تتلمذ في الغالب على يد آية الله السيد أبي القاسم الخوئي (المتوفى سنة 1992)، وآية الله حسين الحلي (المتوفى سنة 1974)،[46] وكان زهد الحلي أكثر ما نال من استحسان السيد السيستاني فاختاره قدوةً يُحتذى بها.[47] وبعد أن أتقن السيد السيستاني العلوم الإسلامية استعد للعودة بشكلٍ دائمٍ إلى مشهد في منتصف عام 1961؛ فمنحه معلماه السيد الخوئي والشيخ الحلي اجازة اجتهادٍ كانت نادرةً جداً تقديراً لموهبته الاستثنائية،[48] ولم تدم إقامته في مشهد إلا لستة أشهرٍ عاد بعدها إلى النجف ليقيم فيها منذ ذلك الحين.[49]

كانت عودته إلى النجف مطلع عام 1962 بمثابة بداية الطور التالي من مسيرته المهنية الحوزوية، حيث أصبح حينها أستاذاً لمرحلة البحث الخارج في الحوزة العلمية (وهي أكثر المراحل الدراسية تقدماً)، والتي استمرت حتى وفاة السيد الخوئي في آب / أغسطس عام 1992. (في تلك اللحظة أصبح السيد السيستاني مرجعاً).[50] في بادئ الأمر درّس السيد السيستاني الفقه، ثم راح يدرّس الأصول في أواخر عام 1964، وفي مطلع السبعينات، برز كواحدٍ من الجيل الجديد من نخبة المجتهدين، وأحدَ خيرة طلاب السيد الخوئي الذي أصبح المرجعَ الأعلى للشيعة، لكنه ظل ملتزماً بالتدريس، وتجنبَ شهرة بعض أقرانه كآية الله السيد محمد باقر الصدر.[51] كان السيد السيستاني عضواً في لجنة الاستفتاء التابعة للخوئي في الستينات والسبعينات، وكانتِ اللجنة تجيب عن الاستفسارات الدينية بناءً على آراء السيد الخوئي الفقهية.[52] وفي أوائل الثمانينات وسّع السيد السيستاني فصوله الدراسية لتشمل محاضراتٍ في الحديث والرجال (وهو علم التحقق

من متن الروايات وسندها عن النبي والأئمة)، لكنه ظل مجهولاً في الغالب ولا تعرفه سوى نخبةٍ مختارةٍ في الحوزة العلمية.[53] وخلال هذه المرحلة من حياته المهنية كتب السيد السيستاني أكثر من أربعين مؤلفاً بقيتِ الغالبية العظمى منها في شكل مخطوطاتٍ غير منشورةٍ،[54] كما أن هنالك أكثر من خمسة عشر مؤلفاً نُشرت بناءً على دروسه التي خطّها طلابه.[55]

كانتِ السبعينات والثمانينات فترةَ اضطرابٍ في حوزة النجف، حيث سُجن العلماء او رُحّلوا او أعدموا في محاولةٍ من نظام صدام حسين السيطرة على الحوزة العلمية بالترويع والضغط.[56] ومع إعدام السيد الصدر في نيسان / أبريل عام 1980، أظهرتِ الحكومة ألا أحد بمنأىً عن سطوتها،[57] فكاد السيد السيستاني أن يُرحّل خلال الحرب العراقية-الإيرانية، غير أنه تمكن من مواصلة مسيرته الحوزوية في النجف رغم الضغط الشديد الذي تعرضت له الحوزة. كما كانت تلك الفترة تكوينيةً للسيد السيستاني، حيث لاحظ عن كثبٍ كيف كان رد فعل السيد الخوئي على الهجمات غير المسبوقة على الحوزة، وكيف تعامل مع الضغوط الداخلية واستيعابها، والاضطرابات التي شهدها العراق نتيجةً للثورة الإسلامية في إيران.

وفي مطلع عام 1986 راحت الدائرة الضيقة لحاشية السيد الخوئي تلتمس الطريق لتهيئة خليفةٍ له بعد الوفاة المفاجئة للسيد نصر الله التبريزي، والمعروف باسم المستنبط، في كانون الأول / ديسمبر 1985، والذي كان يوصف بأنه مرجعٌ مستقبليٌّ وكان صهر السيد الخوئي.[58] كان في النجف ما لا يقل عن عشرة مجتهدين مؤهلين من مدرسة السيد الخوئي، وكانوا قد أثبتوا جدارتهم كمراجع محتملين، من خلال نشرهم أبحاثاً تدعم مؤهلاتهم ومن خلال دروسهم التي كانت تحظى بحضورٍ كبير، ما جعلهم متقدمين على السيد السيستاني، أو على الأقل من منظور التسلسل الهرمي الاجتماعي للحوزة،[59] لكن ربما بسبب تواضع السيد السيستاني ورغبته في تجنب الأضواء، بالإضافة إلى مهارته العلمية، راح السيد الخوئي وبعض مستشاريه المقربين يطلبون من السيد السيستاني تحمل المزيد من المسؤولية.[60] في مطلع كانون الأول / ديسمبر عام 1988، مرض السيد الخوئي، وعند زيارة السيد السيستاني له قدّمه السيد

الخوئي إماماً للصلاة في مسجد الخضراء المجاور لضريح الإمام علي الذي كان السيد الخوئي يدرّس فيه ويؤم الصلاة فيه لعدة عقودٍ.[61] وفي 16 كانون الأول / ديسمبر عام 1988 راح السيد السيستاني يؤم الصلاة في مسجد الخضراء، واستمر في ذلك حتى 10 حزيران / يونيو عام 1994، عندما أغلق نظام صدام المسجد نهائياً. كان لخطوة السيد الخوئي تلك التأثير المطلوب في إبراز شأن السيد السيستاني، فبات معروفاً لعددٍ أكبر من رجال الدين والعامة الذين بدأوا كذلك في قبوله بصفته الخليفة المختار والطبيعي للخوئي.[62]

وضعت حرب الخليج عام 1990 المرجعيةَ أمام صراع وشيكٍ مع الدولة، لا سيما بعد اندلاع الانتفاضة في النجف في 3 آذار / مارس 1991.[63] ولما هزم الثوار قواتِ النظام قصدوا كبار رجال الدين ليقودوهم ويمنحوهم زخماً أكبر؛ وفي 7 آذار / مارس أصدر السيد الخوئي بياناً عيّن فيه لجنةً من تسعة علماء مهمتها الإشراف على الشؤون العامة في غياب الدولة، وتوفير الاستقرار والتوجيه، ففهم المؤيدون والخصوم هذه الخطوة على أنها دعمٌ للانتفاضة؛ وبعد أسبوعٍ قلبت قوات النظام الطاولة عليهم وراحت تطوق النجف مستخدمةً الأسلحة الثقيلة والمروحيات في ظل رفض التحالف الذي تقوده الولايات المتحدة التدخل رغم تشجيع الرئيس جورج بوش الأب الانتفاضة. وبحلول 20 آذار / مارس وصلت قوات النظام إلى المدينة القديمة في النجف، فاعتقلت آية الله السيد الخوئي، واقتادته بالإكراه للقاء صدام حسين في اجتماعٍ متلفزٍ في محاولةٍ لقمع ما تبقى من الثوار.[64] سُحقت الانتفاضة بوحشيةٍ، وطالت عمليات الإعدام والإخفاء القسريّ آلاف رجال الدين في النجف.[65]

حينئذ كان النظام يدرك جيداً موقف السيد السيستاني، وفي 25 آذار / مارس 1991، أي في أعقاب الانتفاضة، اعتقله النظام مع أبنائه ومراجع بارزين آخرين كآية الله الشيخ مرتضى البروجردي، وآية الله الميرزا عليّ الغروي وأكثر من مائةٍ من المجتهدين والعلماء البارزين. أُخذ السيد السيستاني ومجموعةٌ مكونةٌ من سبعة عشر رجلاً من رجال الدين إلى فندق السلام في النجف، والذي استولت عليه قوات النظام، لاستجوابهم،

ثم إلى معسكر الرزازة بالقرب من كربلاء، وأخيراً إلى معتقل الرضوانية على مشارف مدينة بغداد. طلب المحققون من السيد السيستاني أثناء احتجازه التوقيعَ على بيانٍ يدين فيه الانتفاضة ويتهم إيران بالتحريض على العنف ضد الدولة؛ فلما رفض السيد السيستاني الأمر تعرّض للضرب والتعذيب قبل إطلاق سراحه وعودته إلى النجف بعد أسبوعٍ.[66]

كان لسحق الانتفاضة آثارٌ كارثيةٌ على النجف لِما جرى فيها من اعتقالٍ وإعدامٍ للعلماء، ونهبٍ للمدارس والمكتبات وتدميرها وإغلاقها، ولِما فُرض على المدينة من رعبٍ دام أشهراً عدةً. وجد النظام حينها فرصةً لتطهير الحوزة مرةً أخرى وإضعاف المرجعية باستخدام شبكة جواسيسه لتحديد الأهداف. وفي 8 آب / أغسطس 1992 توفي السيد الخوئي في منزله بالكوفة فقام النظام من فوره بقطع الكهرباء والاتصالات والطرق في النجف لمنع تجمع الحشود؛ ولم يُسمح إلا لمجموعةٍ صغيرةٍ بالمشاركة في جنازة ودفن السيد الخوئي، وقد أمَّ السيد السيستاني المصلين.[67] وفي اليوم التالي أقيمت مراسم العزاء في مسجد الخضراء بحضور مبعوث صدام روكان المجيد الذي قدم تعازيه للسيد السيستاني.[68] كانت هذه الأحداث بمثابة المرحلة التالية لحياة السيد السيستاني – بصفته مرجعاً – وستحمل في طياتها مسؤوليةً كبيرةً ومخاطر جمةً.[69]

المرجعية المبكرة

فور وفاة السيد الخوئي راحت كبار الشخصيات في النجف تشير إلى السيد السيستاني على أنه المرجع، وكان منهم آية الله السيد علي البهشتي (أقرب أصدقاء السيد الخوئي) والشيخ البروجردي؛ كما راح مكتب السيد الخوئي، الذي يقوده ابنه السيد محمد تقي، يحيل الاستفسارات الدينية إلى السيد السيستاني حتى بات مزيدٌ من الناس على درايةٍ بالخليفة المفضل. قبِل السيد السيستاني دوره الجديد على مضضٍ، وراح يكتب رسالته في الأحكام الفقهية فأكمله في أيلول / سبتمبر 1992.[70] كما تولى منصبَ السيد الخوئي التدريسي في مسجد الخضراء، لكنه لم يلق التأييد خارج النجف إلا بعد ذلك بمدةٍ. وقد أيّد مرجعيتَه العديدُ من طلاب السيد الخوئي

والسيد السيستاني البارزين، فضلاً عن كبار العلماء الآخرين في حوزات النجف وقم وغيرها، والمعروفين باسم أهل الخبرة، وشهدوا بأنه كان الأعلم من بين المراجع.[71] ومع تنامي مرجعية السيد السيستاني من خلال الترسيخ التدريجي، تعايشت مرجعيته تلك مع أكثر من عشرين مرجعيةً أخرى في العالم الشيعي، وكان من أهم عوامل نجاحها تمكنها من جذب أتباعٍ لها في الخارج، في وقتٍ كان فيه النظام العراقي نظاماً شديدَ التقييد والمحاصرة للسيد السيستاني في الداخل.[72]

ساعد عاملان اثنان في تأسيس مرجعية السيد السيستاني وتوسيعها إلى بلدانٍ أخرى. الأول كان بفضل جهود صهره وممثله، السيد جواد الشهرستاني المقيمِ في قم، والذي فتح مكاتب باسم السيد السيستاني في الشرق الأوسط بدايةً، وفي بقية أنحاء العالم لاحقاً، كما نشر أعمالَ السيد السيستاني في العلوم الإسلامية، ونظّم شبكة الوكلاء، وجبى الأموال الشرعية، وأدار توزيع المساعدات الخيرية، وراح يدفع رواتب الطلاب في الحوزات العلمية بإيران وسوريا ولبنان وأماكن أخرى. استقطبت هذه الجهود الاعتراف الدولي بمكانة السيد السيستاني كمرجعٍ، وبدأت عملية وصوله إلى مرتبة المرجع الأعلى. ولما كان السيد السيستاني نفسه منزوياً فعلياً، وكان صدّام قد أحكم قبضته الحديدية على العراق، كان الشهرستاني المرجعَ بالوكالة، وقد مكنت شخصيته الكاريزمية وموارده من وصول مرجعية السيد السيستاني إلى أكبر عددٍ من الناس قياساً بما يمكن أن تصل إليه المرجعيات الأخرى.

وكان العامل المهم الثاني في تأسيس مرجعية السيد السيستاني هو وفاة كبار المراجع الآخرين من جيل السيد الخوئي بعد وقتٍ قصيرٍ من وفاته، فضَمن هذا ألا يواجه السيد السيستاني منافسةً تذكر من كبار العلماء. تحوّل الملايين من أتباع السيد الخوئي إلى السيد السيستاني، ما منحه أفضليةً على غيره.[73] وأما في النجف فقد غدا السيد السيستاني في موضعٍ لا ينازعه فيه أحدٌ بعد وفاة آية الله السيد عبد الاعلى السبزواري في آب / أغسطس 1993. كان السيد السبزواري يكبر السيد السيستاني بعشرين عاماً، وكان زميلاً للسيد الخوئي، وكانت مرجعيته معروفةً على

نطاقٍ واسعٍ، لكنه توفي في وقتٍ أبكر مما كان متوقعاً. وفي قم أدت وفاة آيات الله السيد محمد رضا الكلبايكاني (المتوفى في كانون الأول / ديسمبر 1993)، والشيخ محمد عليّ الأراكي (المتوفى في تشرين الثاني / نوفمبر 1994)، والسيد محمد الروحاني (المتوفى في آب / أغسطس 1997) إلى ضمان تحوّل معظم أتباعهم إلى السيد السيستاني، ما أكسبه العدد الأكبر من الأتباع بين المراجع الآخرين،[74] وبذا اكتسب السيد السيستاني منصب المرجع الأبرز بين المسلمين الشيعة، ولم يكن بعدُ المرجع الأعلى بلا منازعٍ (وهذا سيحدث بعد عام 2003)، لكنه كان في طريقه إلى وصول تلك المكانة.

غير أن هذه المكانة لم تَمنحِ السيد السيستاني حصانةً من نظام صدام، فأولاً في حزيران / يونيو 1994، أغلق النظام مسجد الخضراء حيث كان السيد السيستاني يدّرس ويؤم الصلاة فيه. وثانياً في تشرين الثاني / نوفمبر 1996، حين نجا من محاولة اغتيالٍ في منزله قُتل خلالها أحد معاونيه. وثالثاً في نيسان / إبريل 1997، حين كادت تنجح محاولة اغتيال سكرتيره المالي في مسجد كاشف الغطاء. وبعد ترحيل مجموعةٍ من طلابه في مطلع عام 1998 توقف السيد السيستاني عن التدريس علناً، وأغلق مكتبه ومنزله أمام العامة، وقرر المكوث فيه للسنوات القليلة المقبلة، وعدم مغادرة منزله على الإطلاق كشكلٍ من أشكال الاحتجاج؛ وقد كان اعتزالُه ذاك بمثابة إشارةٍ إلى معارضته للنظام، لكن دون منحه مسوغاً للبطش به.[75]

ورغم ذلك استمرت الحكومة في النيل من الحوزة، فاغتالت الشيخ البروجردي في نيسان / أبريل 1998، والشيخ الغروي في حزيران / يونيو 1998، والسيد محمد الصدر في شباط / فبراير 1999؛ وحافظت أجهزة الأمن والمخابرات على وجودٍ دائمٍ لها أمام منزل السيد السيستاني، وكانت تراقبه وكبار معاونيه ومستشاريه، ما تسبب بكثيرٍ من المتاعب لعائلة السيد السيستاني وداعميه وأتباعه.[76]

كانت فترة السنوات العشر بين عامي 1992 و2002 أكثرَ السنوات صعوبة في حياة السيد السيستاني، وذلك أنه فقد استاذه وكثيراً من زملائه

المقربين وبسبب تشديد النظام الخناق على النجف،77 ولذا قُيدت حريته كثيراً، وكان الخطر المحدق به وبعائلته قائماً لا يفارقهم.78 أضف إلى ذلك أن النظام كان يراقب اتصالاته بالعالم الخارجي، ما اضطره إلى الاعتماد على الرسائل التي يهربها له الزوار.

آلت المرجعية الى السيد السيستاني في ظروفٍ لا يُحسد عليها وفي فترةٍ عصيبةٍ، فلم يتمكن خلالها من ممارسة كثيرٍ من واجبات المنصب وامتيازاته؛ كالتدريس واستقبال الوفود ذات النفوذ، والإشراف على المشاريع الدينية والعلمية والخيرية، ومد المجتمعات الشيعية في جميع أنحاء العالم بالإرشاد والتوجيه. كما عانى العراقيون من وطأة البطش، وبدا مستقبل الحوزة العلمية قاتماً جداً،79 وانخفض عدد الطلاب والاساتذة في النجف من أكثر من 15 ألفاً في الستينات والسبعينات إلى أقل من 1000 في التسعينات.80 وفي شباط / فبراير 2004 وصف نجل السيد السيستاني، السيد محمد رضا، هذه الفترة العصيبة بقوله إن حوزة النجف "أصيبت بنكباتٍ قاسيةٍ خلال العقود الأخيرة، وفقدت جراء ذلك كثيراً من رجالها البارزين من العلماء والأدباء والمفكرين، قتلاً وسجناً ونفياً وتشريداً، ولم يبق منها إلا الثلة القليلة"81 وهنا شعر السيد السيستاني بمسؤوليةٍ كبيرةٍ إزاء حمايةِ حوزة النجف التي يبلغ عمرها ألف عامٍ، وصونِ مكانة المرجعية، لكنه لم يكن يملك من وسائل الحماية تلك سوى تجنب استعداء النظام.82 وفيما كانت مرجعية السيد السيستاني تحظى بظروفٍ أفضل بكثيرٍ خارج العراق، عاش هو والمقربون منه تحت الحصار.

كما شهدت تلك الفترة دينامياتٍ متنافسةً، داخلياً وخارجياً، حول المرجعية؛ فكان نظام صدام يحاول منذ عدة سنواتٍ الهيمنة على الحوزة وإيجاد طبقةٍ مواليةٍ له فيها من رجال الدين من خلال اختراق الحوزة وترحيل العلماء وإغلاق المدارس والتدخل بشؤون الحوزة،83 وحتى أن ذلك امتد إلى محاولة الترويج لـ "مرجعيةٍ عربيةٍ" ترعاها الدولة.84 وفي حزيران / يونيو 2003 أصدر مكتب السيد السيستاني بياناً (كتبه السيد محمد رضا على الأرجح) جاء فيه أن "النظام السابق سعى إلى جعل الحوزة عربيةً والمرجعية عراقيةً، لكنه فشل في تحقيق ذلك."85 تسببت مساعي النظام

في حدوث اضطرابات في النجف، ورغم فشله في نهاية المطاف في تحقيق أهدافه، لكنه عزز الشكوك بين النخبة الدينية حول من كان من تلك النخبة على اتصالٍ بالنظام أو يستفيد من دعم الدولة.

وفي عام 1994 استخدم آية الله السيد محمد الصدر مرجعيته في النجف لإنشاء حركةٍ دينيةٍ استغلت تراخي النظام في التدين (أطلق عليها صدّام اسم "الحملة الايمانية" عند إطلاقها في حزيران / يونيو 1993)، وباستغلال موقف النظام الجديد من الإسلام تمكّن السيد الصدر من إلهام جيلٍ من الشباب العراقيين الشيعة ممن تحولوا فيما بعدُ إلى التيار الصدري،[86] (يرتبط التيار الصدري اليوم بالسيد مقتدى الصدر الذي تولى قيادة حركة أبيه.) تمكن آية الله السيد الصدر من السيطرة على بعض جوانب الحوزة، كإدارة المدارس وتصاريح الإقامة لطلبة الحوزة العلمية من غير العراقيين والإعفاء من الخدمة العسكرية للطلبة العراقيين وإقامة الصلاة في المساجد والمراقد،[87] فأدى ذلك في النجف وخارجها إلى انتقاداتٍ طالت نيّات السيد الصدر، وما إذا كان متحالفاً مع النظام، أو أنه غدا المرجعَ الذي ترعاه الدولة وسعت إليه.[88] أثار زعم السيد الصدر بأنه أعلم المراجع على الإطلاق، وكذا طرحه لاحقاً بأنه ولي أمر المسلمين كافةً استياءَ المراجع الآخرين والنظام الإيراني، ما وضع السيد الصدر في دائرة شكوكٍ أوسع.

شكّلت هذه الانتقادات صدمةً للسيد الصدر الذي كان يرى في نفسه أنه يسعى إلى إحياء سلطة الشيعة العراقيين حين كان النظام يسعى إلى إخضاع الحوزة التقليدية،[89] فدفعه ذلك إلى ابتكار مصطلح "الحوزة الناطقة" لوصف حوزته التي يتزعمها في مقابل "الحوزة الصامتة" في إشارةٍ ازدرائيةٍ للسيد السيستاني والمراجع الآخرين.[90] كما أشار السيد الصدر نفسُه إلى الاستقبال الفاتر الذي تلقّاه به السيد السيستاني في إحدى اجتماعاتهما كرد فعلٍ على تعاظم سلطة السيد الصدر في النجف،[91] ثم استمر الخلاف بين مرجعية السيد السيستاني ومرجعية السيد الصدر وأنصارِ كلٍّ منهما حتى بعد اغتيال السيد الصدر عامَ 1999، إلى أن بلغ ذروته في عامي 2003 و2004، ثم تضاءل الخلافُ بعد ذلك فبات المعسكران متعاونين

إلى حدٍّ ما منذ عام 2016.

وفي بيروت في نيسان / أبريل 1995 أطلق السيد محمد حسين فضل الله (المتوفى عام 2010) مرجعيته الخاصة به، وكان قبل ذلك وكيل السيد الخوئي والسيد السيستاني لفترةٍ وجيزةٍ، واعترف بأن السيد السيستاني هو أكثر المراجع علماً، ما دفع الكثير من شيعة لبنان وغيرهم من شيعة الدول الغربية إلى اتباعه،[92] فيما أسس السيد علي الخامنئي مرجعيته في طهران في كانون الأول / ديسمبر 1994 فجمع بين دوره السياسي كمرشدٍ أعلى لجمهورية إيران الإسلامية (وهو المنصب الذي تولاه عام 1989) ودوره في السلطة الدينية ممثَّلاً بالدور التقليدي للمرجع. كان السيد الخامنئي ولا يزال التحدي الأكبر لمرجعية السيد السيستاني، وذلك لِما في مرجعية السيد الخامنئي من مواردَ وسلطةٍ سياسيةٍ رسميةٍ توفر نموذجاً موازياً للقيادة والسلطة الدينية.

تبنى السيد السيستاني، كما ذكرنا أعلاهُ، موقفاً منعزلاً للتغلب على تلك التحديات متّبعاً سياسة عدم استعداء منتقديه ومنافسيه والدولة، وقد يبدو موقفه هذا مناقضاً لمفهوم القيادة، غير أنه احتفظ بشعبيته طيلة تلك الفترة. وقبيل غزو العراق سعت الحكومة إلى استثمار موقع السيد السيستاني في سبيل حشد الدعم وبناء حركة مقاومة، وفي أيلول / سبتمبر 2002 بث التلفزيون الحكومي "فتوىً" نُسبت إلى السيد السيستاني وكان مفادها: "من واجب المسلمين الاتحاد في هذه الظروف العصيبة ... وعليهم بذل ما في وسعهم للدفاع عن العراق الحبيب وصونه ضد مخططات الأعداء الطامعين ... يجب على كل مسلمٍ بذل ما في وسعه للدفاع عن العراق المسلم ودفع العدوان عنه ... وإن تقديم أيَّ ضربٍ من ضروب المساعدة للغزاة والتعاون معهم هو خطيئةٌ فيها مهلكةٌ."[93] كما جرى بث فتوى مماثلةٍ منسوبةٍ للسيد السيستاني مع بدء الغزو في آذار / مارس 2003، لكن مكتبَ السيد السيستاني لم يؤكد ما نُسب إليه من فتاوى في كلتا الحالتين، ولا بد أنها كانت مجرد دعايةٍ من دعايات الدولة.[94]

بينت هذه الحادثة الطبيعة المتناقضة لعلاقة الدولة بالسيد السيستاني إذ كانت تحاول إضعافه والسيطرة عليه في ذات الوقت الذي تروج فيه

لموقعه، وتسعى للحصول على الشرعية منه.

تأسيس العراق الجديد

في أعقاب غزو العراق وتغيير النظام في نيسان / إبريل 2003، أصبحت أهمية موقف السيد السيستاني أكثر وضوحاً للمجتمع الدولي الذي لم يكن يتوقع أن يكون للسيد السيستاني دورٌ بارزٌ في العراق الجديد،[95] غير أن الوضع الأمني في النجف كان مشحوناً جداً وظل كذلك حيناً، ما أدى إلى تجمهر عصاباتٍ مسلحةٍ، وُصفت بالصدريين، بالقرب من منزل السيد السيستاني وتهديده،[96] فأشار مكتب السيد السيستاني بعد أسبوعٍ من تغيير النظام إلى أن حياته لا تزال في خطرٍ: "بعد سقوط النظام حصلَ انفلات أمني في مدينة النجف الأشرف وظهرت مجموعات مسلحة من الأشرار والمفسدين ووقعت حوادث مؤسفة، ولا يزال الأمن غير مضمون في المدينة وهناك مخاطر تهدد حياة المراجع ولا سيما سماحة السيد."[97] لم يكنِ السيد السيستاني يرى في تغيير النظام بالغزو النهجَ الأفضلَ لتغييره، وفي شباط / فبراير 2004 صرّح مكتبه بما يلي:[98] "لم يكن المنشود تغيير النظام الإستبدادي عن طريق الغزو والإحتلال بما استتبع ذلك من مآسٍ كثيرة، ومنها انهيار مقومات الدولة العراقية وانعدام الأمن والإستقرار وتفاقم الجرائم وتلف الكثير من الممتلكات العامة حرقاً ونهباً وتدميراً وغير ذلك."

وسرعان ما سادتِ الفوضى بعد انهيار نظام صدام في نيسان / أبريل 2003، فقُتل نجل السيد الخوئي، السيد عبد المجيد، أثناء عودته من المنفى، ونُهبت الدوائر الحكومية والممتلكات العامة؛ وأدتِ الأعمال الانتقامية والفوضى العامة، في النجف وفي جميع أنحاء العراق، إلى تحول أنظار السكان الشيعة إلى قيادة السيد السيستاني الذي أصدر مكتبُه؛ رداً على ذلك، بياناتٍ عدةً أدان فيها أعمال النهب والعنف، وحمّل قواتِ التحالف مسؤوليةَ الحفاظ على الأمن والنظام.[99]

كان السيد السيستاني يرى في التحالف الذي تقوده الولايات المتحدة

قوةَ احتلالٍ ولم ينتقد من قاومهم، كما أنه لم يدعُ الناس إلى التعاون مع قوات الاحتلال بسبب شعوره "بقلق شديد تجاه أهدافهم"[100]، وكان يرى أن أفضل سبيلٍ لإنهاء الاحتلال يتمثل باستعادة السيادة العراقية، وهو ما سيؤدي بطبيعة الحال إلى رحيل القوات الأجنبية. لم تكنِ المواجهة المسلحة مع الاحتلال مناسِبةً حينئذٍ، لكن إن لم تسلّم القوى المحتلة السيادة للعراق، فإن موقف السيد السيستاني قد يتغير كما نوه اليه بنفسه.

وفي 20 نيسان / أبريل 2003 أدلى مكتب السيد السيستاني بإجاباتٍ عنِ استفساراتٍ دينيةٍ تتعلق بوضع الممتلكات العامة وأسلحة قوات الأمن والمساجد السنية؛ وقد كانت تلك البيانات بمثابة سجلٍّ مبكرٍ لمحاولات السيد السيستاني دعمَ سيادة القانون وحمايةَ مؤسسات الدولة ومنعَ الصراع الطائفي،[101] كما مثّل ذلك بداية تحولٍ في موقف النجف السابق تجاه الدولة، من موقفٍ قائمٍ على الارتياب من الدولة بسبب كيفية تعاملها مع الشيعة، إلى موقفٍ يمتاز بحنكةٍ سياسيةٍ أكثر انخراطاً؛ وقد كانت إحدى تلك الإجابات معبرةٍ وموجهةٍ على ما يبدو إلى رجال الدين في العراق والمنفيين ممن يتطلعون إلى تولي مناصب في العراق الجديد: "ضرورة ابتعاد علماء الدين عن مواقع المسؤوليات الإدارية والتنفيذية." وكان الهدف منها إبعادَ رجال الدين عن التدخل المباشر في الحكومة والسياسة، بخلاف النظام الإيراني، وحماية الحوزة من الانتقادات الحتمية التي يواجهها السياسيون، فالتزم كثيرٌ من رجال الدين بتحذيره، فيما تجاهله غيرهم في الأحزاب السياسية القديمة والجديدة.[102]

استخفّت كلٌّ من المعارضة العراقية التي عادت لتولي السيطرة النهائية على العراق والتحالف الذي قادته الولايات المتحدة برغبة السيد السيستاني في التحدث علناً في المسائل السياسية، وتوقعوا أن يكون دوره حينها كدوره قبل تغيير النظام؛ فلما اتضح لهم أن السيد السيستاني سيكون مؤثراً في العملية السياسية، وأن العراقيين الشيعة سيتطلعون إلى توليه زمام القيادة، حاول التحالف عقد اجتماعاتٍ مع السيد السيستاني لفهم مواقفه وسياساته.

غير أن السيد السيستاني جعل الاجتماعاتِ مقتصرةً على الاجتماع بكبار السياسيين ورجال الدين والشخصيات الدولية، ورفض لقاء المسؤولين الأمريكيين ومن يمثلون إدارة وقوات التحالف المحتل؛ ولما اكتشف بمرور الوقت أن السياسيين العراقيين غير مستعدين تماماً للإصغاء إلى توجيهاته، حد من تفاعله معهم لأنه لم يُرد أن يستفيدوا منه دعائياً، أو أن يخلقوا انطباعاً عند الآخرين حصولهم على استحسانه ورضاه، فسمح بزياراتٍ من ممثلي الأمم المتحدة وشخصياتٍ دينيةٍ داخل العراق ومن المنطقة. ووفقاً لصحفيٍّ أمريكيٍّ كان مقيماً في العراق لعدة سنواتٍ بعد العام 2003، أظهرتِ اجتماعاتُ السيد السيستاني مع زعماء المجتمع الديني والعرقي بين عامي 2003 و2009 "التزاماً عميقاً بالتعددية، والسعي لمنع الطائفية من استنزاف البلاد بالكامل، والحث على احترام الأقليات."[103]

أدى تغيير النظام إلى تغيير دور السيد السيستاني تغيراً كبيراً ومنْحِه فرصةً لتطوير أرضيةٍ يوسع من خلالها سلطتَه الدينية لتشمل المجال السياسي.[104] ومع تنامي أهمية رأي السيد السيستاني في العراق الجديد، راحت الصحافة الأجنبية ترسل الأسئلة إلى مكتبه كي تفهم موقفه من وجود التحالف ورؤيته الخاصة عن السياسة.[105] وفي أيار / مايو، وحزيران / يونيو 2003 قدّم مكتب السيد السيستاني في النجف، الذي كان يشرف عليه السيد محمد رضا، إجابتين مهمتين؛ الأولى كانت حول دور المرجعية في الدولة الجديدة: "المرجعية لا تمارس دوراً في السلطة والحكم" وأما الثانية فتتعلق بالدور الذي يؤديه المرجع في الحياة عموماً: "الدور الأساس للمرجع هو تزويد المؤمنين بالفتاوى الشرعية في مختلف شؤون الحياة الفردية والاجتماعية، ولكن هناك مهام أخرى يقوم بها المرجع بحكم مكانته الاجتماعية والدينية ومنها إعانة الفقراء ورعاية المؤسسات والمراكز الدينية ونحو ذلك"[106]

ثم جاء الرد الصريح على ما إذا كان السيد السيستاني متمسكاً بالنموذج الإيراني لولاية الفقيه في العراق، فكان الجواب بسيطاً: "تشكيل حكومةٍ دينيةٍ على أساس فكرة ولاية الفقيه المطلقة فليس وارداً."[107]

ثم أوضح مكتب السيد السيستاني موقفه من دور رجال الدين في الحكومة: "(المرجعية) ترتأي لعلماء الدين أن ينأوا بأنفسهم عن تسلّم المناصب الحكومية"[108]

وأخيراً أصدر المكتب بياناً حول ما إذا كان السيد السيستاني يؤيد إنشاء حكومةٍ دينيةٍ في العراق: "إن القوى السياسية والاجتماعية الرئيسة في العراق لا تدعو إلى قيام حكومة دينية، بل إلى قيام نظام يحترم الثوابت الدينية للعراقيين ويعتمد مبدأ التعددية والعدالة والمساواة."[109]

بينت هذه التصريحات لأتباع السيد السيستاني والسياسيين الشيعة وكذلك الأجانب أنه لا يرغب في رؤية حكومة دينيةٍ في العراق، فأصبح التساؤل حينها عن ماهية الدولة التي يريدها، وكيفية إنشاء هذه الدولة.

وفي نيسان / أبريل 2003 وفي أعقاب انهيار الدولة العراقية، أوضح السيد السيستاني أنه لن يدعم فرض الحكم الأجنبي بقوله: "الحكم في العراق يجب أن يكون للعراقيين بلا أي تسلط للأجنبي، والعراقيون هم الذين لهم الحق في اختيار نوع النظام في العراق بلا تدخل للأجانب" وما أن أُنشئت سلطة الائتلاف المؤقتة، وعُيِّن بول بريمر حاكماً بموجب مرسومٍ، واتضح أن الولاياتِ المتحدةَ كانت تنوي تسليم السلطة ببطءٍ إلى حكومةٍ تنتقيها بنفسها، حتى أطلق السيد السيستاني حملةً لإجبار الولايات المتحدة على اتخاذ توجّهٍ جديدٍ.

أولاً قال السيد السيستاني في حزيران / يونيو 2003: "شكل العراق الجديد يحدده الشعب العراقي بجميع قومياته ومذاهبه وآلية ذلك هي الانتخابات الحرّة المباشرة."[110] ثم تكررت نسخةٌ من هذا البيان في صيف ذلك العام: "شكل نظام الحكم في العراق يحدّده الشعب العراقي وآلية ذلك أن تجري انتخابات عامة لكي يختار كل عراقي من يمثّله في مجلس تأسيسي لكتابة الدستور، ثم يطرح الدستور الذي يقرّه هذا المجلس على الشعب للتصويت عليه"[111]

وعندما أعلنت سلطة الائتلاف المؤقتة أنها ستشكل مجلساً لكتابة الدستور العراقي الجديد، متجاهلةً دعوة السيد السيستاني أن ينتخب الشعبُ

العراقيُّ جمعيةً تأسيسيةً لصياغة الدستور، رد السيد السيستاني بفتوى تحمل ختمه الشخصي في 25 حزيران / يونيو 2003 لتنصَّ على رفض خطوة سلطة الائتلاف المؤقتة، وجاء فيها:

"ان تلك السلطات لا تتمتع بأية صلاحية في تعيين أعضاء مجلس كتابة الدستور، كما لا ضمان ان يضع هذا المجلس دستوراً يطابق المصالح العليا للشعب العراقي ويعبّر عن هويته الوطنية التي من ركائزها الأساس الدين الإسلامي الحنيف والقيم الاجتماعية النبيلة، فالمشروع المذكور غير مقبول من أساسه، ولابدّ أولاً من إجراء انتخابات عامة لكي يختار كل عراقي مؤهل للانتخاب من يمثّله في مجلس تأسيسي لكتابة الدستور، ثم يجرى التصويت العام على الدستور الذي يقرّه هذا المجلس."[112]

مثلت تلك الفتوى أولَ تدخلٍ سياسيٍّ للسيد السيستاني بصفته مرجعاً، وجاءت مستندةً إلى المبادئ الديمقراطية للحق في التمثيل وتقرير المصير.[113] كما أبرزت هذه الفتوى قوة المرجعيةَ الجديدةَ التي يرأسها السيد السيستاني، والتي من شأنها أن تؤدي في السياسة دوراً يختلف عن دورها السالف ودور المرجعيات السابقة.

استخفّت سلطة الائتلاف المؤقتة، بقيادة بريمر، بقوة معارضة السيد السيستاني ومدى نفوذه.[114] وقد أدى اغتيال آية الله السيد محمد باقر الحكيم في تفجيرٍ بالنجف في آب / أغسطس 2003 إلى جعل السيد السيستاني القائد الديني الوحيد في المسائل السياسية في العراق،[115] فوجدت الولايات المتحدة فجأةً أن جميع خططها في العراق تتحداها ملاحظاتٌ مكتوبةٌ بخط اليد لرجل دينٍ مسنٍّ في النجف؛ كما أجبرتِ الفتوى المتعلقةُ بصياغة الدستور سلطةَ الائتلاف المؤقتة على تغيير نهجها، فخططت إلى انعقاد اجتماعاتٍ حزبيةً لتعيين جمعيةٍ انتقاليةٍ مهمتها انتخابُ حكومةٍ مؤقتةٍ؛ غير أن هذا النهج ظلّ غير منسجمٍ مع دعوات السيد السيستاني لإجراء انتخاباتٍ وطنيةٍ مباشرةٍ. كشفت سلطة الائتلاف

المؤقتة عن خطتها في 15 تشرين الثاني / نوفمبر 2003؛ فردَّ السيد السيستاني في 27 تشرين الثاني / نوفمبر 2003 بما يلي:

"ان لسماحة السيد ـ دام ظله ـ بعض التحفظات على الخطة المذكورة:
اولاً: انها تبتني على إعداد قانون الدولة العراقية للفترة الانتقالية من قبل مجلس الحكم بالاتفاق مع سلطة الاحتلال، و هذا لا يضفي عليه صفة الشرعية، بل لابدّ لهذا لغرض من عرضه على ممثلي الشعب العراقي لإقراره.
ثانياً: ان الالية الواردة فيها لانتخاب اعضاء المجلس التشريعي الانتقالي لا تضمن تشكيل مجلس يمثل الشعب العراقي تمثيلاً حقيقياً، فلابد من استبدالها بالية اخرى يضمن ذلك و هي الانتخابات، ليكون المجلس منبثقاً عن ارادة العراقيين و يمثلهم بصورة عادلة، ويكون بمنأى عن ايّ طعن في شرعيته ولعلّ بالامكان اجراء الانتخابات اعتماداً على البطاقة التموينية مع بعض الضمائم الاخرى."[116]

خلال الشهرين التاليين حاول بريمر التغلب على معارضة السيد السيستاني، فبدأ ذلك بالإصرار على خريطة الطريق الخاصة به، ثم بتقديم تنازلٍ وهو أن تسلّم سلطة الائتلاف المؤقتة سيادةً محدودةً لحكومةٍ مؤقتةٍ في حزيران / يونيو 2004، وأنه لن يكون هنالك وقتٌ كافٍ لإجراء انتخاباتٍ قبل ذلك؛ فردَّ السيد السيستاني بصورة غير مباشرة عبر ممثليه في بغداد والبصرة الذين بدأوا سلسلة تظاهراتٍ شارك فيها مئات الآلاف منادين بإجراء انتخاباتٍ في أسرع وقتٍ ممكنٍ،[117] فكانت هذه التعبئة الجماهيرية بمثابة إشارةٍ إلى قوة السيد السيستاني، ومن تلك اللحظة وما تلاها اتضح للجميع أن تجنُّب الصراع معه سيكون ضرورةً في المشهد السياسي العراقي. وفي 22 كانون الثاني / يناير 2004 زار وفدٌ من مجلس الحكم المعين من قبل سلطة الائتلاف المؤقتة السيد السيستاني لإبلاغه أن الانتخاباتِ لن تجري في عام 2004،[118] وهو ما جعل السيد السيستاني يخشى أن يعني ذلك بقاء الحكومة المؤقتة التي ستختارها الولايات المتحدة في السلطة إلى أجلٍ غير مسمىً، لكن في نهاية المطاف

رشحت المفاوضات عن اتفاقٍ على إجراء الانتخابات في كانون الثاني / يناير 2005 دون أن يعترف السيد السيستاني بأية شرعيةٍ للحكومة المؤقتة التي شُكلت في حزيران / يونيو 2004، أما موقفه حيال حكومةٍ يختارها العراقيون فظل ثابتاً: "الذي نريده هو أن يفسح المجال لتشكيل حكومة منبعثة من إرادة الشعب العراقي بجميع طوائفه وأعراقه" و "العراقيون بجميع طوائفهم ومذاهبهم، من الشيعة وغيرهم، موحدون في المطالبة باحترام إرادتهم في تقرير مصيرهم ورفض أن يخطط الأجنبي لمستقبلهم السياسي أو الاقتصادي أو الاجتماعي أو الثقافي."[119]

كانت جلّ هواجس السيد السيستاني تتعلق بالحكومة وما سنّته قوةٌ أجنبيةٌ من تشريعاتٍ لا تلبّي إرادة الشعب وتطلعاته، ولذا فهي تفتقر إلى الشرعية وتقوض سيادة العراق، وكانت معارضته لتعيين سلطة الائتلاف المؤقتة حكومةً مؤقتةً، وصياغتها لدستورٍ تحت إشرافها نابعةً من قلقه أن تسعى الولايات المتحدة إلى فرض حكومةٍ ما على العراق بدلاً من السماح بتشكيل حكومةٍ على نحوٍ طبيعيٍّ، ولذا أعرب السيد السيستاني مبكراً عنِ انتقاداته لنهج سلطة الائتلاف المؤقتة المتمثل في استخدام مجلس الحكم لصياغة الدستور بقوله: "ضرورة أن يعتمد في كتابة الدستور القادم على آلية الانتخابات دون التعيين، وأنه لا شرعية لأيّ دستور يكتب بأيدي أشخاص معينين سواء من قبل سلطة الاحتلال أو أعضاء ما يسمى بمجلس الحكم أو غيرهم."[120]

وقد تحققت مخاوف السيد السيستاني مع إقرار قانون الإدارة الانتقالية في آذار / مارس 2004، والذي كان بمثابة دستورٍ مؤقتٍ صاغه مسؤولون أميركيون، ووافق عليه أعضاء مختارون بعينهم في مجلس الحكم،[121] فخشي السيد السيستاني أن يكرّس قانون الإدارة الانتقالية سوابق ومبادئ سياسية، وأن يسن موادَّ يصعب إلغاؤها لاحقاً. سأل الأخضرُ الإبراهيمي، المبعوثُ الخاص للأمم المتحدة إلى العراق، السيد السيستاني عن رأيه في قانون الإدارة الانتقالية، فردَّ السيد السيستاني بانتقادٍ طويلٍ ومفصَّلٍ لقانون الإدارة الانتقالية، ونهج سلطة الائتلاف المؤقتة، وتكريس الطائفية في السياسة.[122]

وبعد إبلاغه أن الولاياتِ المتحدةَ قد طرحت صيغةً لمسودة قرار مجلس الأمن التابع للأمم المتحدة رقم 1546، والذي أضفى الشرعيةَ على قانون الإدارة الانتقالية، كتب السيد السيستاني إلى مجلس الأمن رسالةً حذرهم فيها من التداعيات الخطيرة لسنّ ذلك القانون، فحُذفت من القرارُ النهائيُّ الإشارةَ إلى قانون الإدارة الانتقالية.[123] أظهرت هذه الحادثة استعداد السيد السيستاني تصعيد معارضته لمحاولات الولايات المتحدة حُكم العراق بالوكالة، وجديته في وجوب مراعاة سلطته وآراء المرجعية عموماً، وأنه لا ينبغي تجاهلها أو الالتفاف عليها من قبل أيٍّ كان حتى لو كانت قوةً عظمى. كما أظهرت تلك الحادثة الأهميةَ التي يوليها السيد السيستاني لدور الأمم المتحدة في العراق، والتي رأى أنها تحظى بشرعيةٍ أكبر من شرعية الولايات المتحدة؛ فكانت تفاعلات السيد السيستاني مع الأمم المتحدة منذ عام 2003 تعاونيةً باستمرار،[124] وظل السيد السيستاني والأمم المتحدة متفقين تماماً على مواقفهما السياسية بدءاً بالحق في الحكم الذاتي.[125]

ورغم معارضة السيد السيستاني المتكررة لتمكين مسؤولين غير منتخبين، أصبحت الحكومة المؤقتة التي سلمتها سلطة الائتلاف المؤقتة جزءاً من السلطة في حزيران / يونيو 2004 واقعاً سياسياً؛ ورغم تأكيد السيد السيستاني افتقار هذه الحكومة المؤقتة للشرعية، لكنه أعطاها الإرشاد والتوجيه،[126] فكانت هذه البراغماتيةُ في صلب نهجه في التعامل مع الحكومات اللاحقة التي قدّم لها التوجيه دون منحها شيئاً من رأسماله السياسي أو سلطته.[127]

التعامل مع مقتدى الصدر

من بين أكثر الأيام تحدياً للسيد السيستاني في فترة ما بين العامين 2003-2004 كانت أيامَ المواجهة مع السيد مقتدى الصدر الذي لم يعترف بسلطة السيد السيستاني، واشتبك بعنفٍ مع قوات التحالف، وندد بالسياسيين العراقيين الذين عينتهم سلطة الائتلاف المؤقتة، وسعى إلى السيطرة على المراقد والمؤسسات الدينية.

تدخل السيد السيستاني في عدة حوادث اشترك فيها السيد الصدر؛ فكانت إحداها في كربلاء في تشرين الأول / أكتوبر 2003 بعد أن تحرك الصدريون للسيطرة على مرقد الإمام الحسين، ما أدى إلى اشتباكاتٍ مع الشرطة وقوات التحالف، فقاد السيد السيستاني وساطةً بين الأطراف المتنازعة أسفرت عن تسويةٍ انتهت بانسحاب الصدريين.[128]

وكانتِ الحادثة الأخرى في نيسان / أبريل 2004 حين سيطر الصدريون على مرقد الإمام عليٍّ في النجف وأنشأوا لحركتهم محكمةً شرعيةً ومكاتب، وحينئذٍ عاودوا الاشتباك مع القوات الأمريكية في النجف وبغداد. لم يتمكن مكتب السيد السيستاني من التوصل إلى تسويةٍ، فعينت سلطة الائتلاف المؤقتة للنجف محافظاً جديداً كُلف خصيصاً بكبح جماح السيد مقتدى الصدر،[129] وقد احتدَّ موقف سلطة الائتلاف المؤقتة تجاه السيد الصدر عندما اتهمته بالتورط بمقتل السيد عبد المجيد الخوئي في نيسان / أبريل 2003 وحاولت اعتقاله.[130] كما أدت سيطرة السيد الصدر على مدينة النجف القديمة حينئذ إلى توتراتٍ شديدةٍ مع الحوزة العلمية ووقوع كثيرٍ من حوادث العنف التي كان منها حوادثُ في محيط منزل السيد السيستاني، وقد أدت هذه الاشتباكات إلى إصدار بعض علماء الحوزة رسالةً انتقدوا فيها تيار السيد الصدر.[131] وفي 19 أيار / مايو 2004 دعا السيد السيستاني جميع القوات المسلحة إلى الانسحاب من النجف، غير أن السيد الصدر والولاياتِ المتحدة لم يستجيبا لدعوته.[132]

وبحلول صيف عام 2004 تدهور الوضع في النجف ما أدى إلى نشوب معارك طاحنةٍ بين جيش المهدي التابع للصدر والقوات الأمريكية في 5 آب / أغسطس 2004، وفي اليوم نفسه نُقل السيد السيستاني إلى بغداد، ومنها إلى لندن لتلقي العلاج،[133] ليتصاعد الصراع على مدى الأسابيع الثلاثة التالية ويتركز حول مرقد الإمام عليٍّ، ولم ينته إلا بعودة السيد السيستاني إلى النجف والتوسط لوقف إطلاق النار في 27 آب / أغسطس.[134] قام السيد السيستاني برحلةٍ محفوفةٍ بالمخاطر من البصرة إلى النجف فيما المعارك لا تزال متواصلةً في المدينة القديمة وانضم إليه عشرات الآلاف كجزءٍ من موكبٍ، فكانت لحظةً تاريخيةً لمرجعٍ يقود الجماهير شخصياً،

وهو أمرٌ لم نشهده منذ عقودٍ.

يرى منتقدو السيد السيستاني أن خروجه من النجف كان منسقاً لتوفير غطاءٍ لجهود التحالف العسكرية لإخراج السيد الصدر من المرقد، فلما أخفقت تلك الجهود عاد السيد السيستاني لإيجاد حلٍ.[135] وبصرف النظر عن خلفية أحداث آب / أغسطس 2004، تمكن السيد السيستاني من منع تصاعد العنف، وأقنع السيد الصدرَ بقبول الانسحاب، واستعاد السيطرة على المرقد، وأبقى القواتِ الأمريكيةَ بعيدةً عن المدينة القديمة دون أن يستخدم سوى قوة سلطته الشعبية،[136] فتبددت جميع الشكوك في أن السيد السيستاني كان الشخصيةَ الأقوى في العراق آنذاك.

قوبلت محاولة السيد الصدر تقديمَ سلطةٍ دينيةٍ بديلةٍ عن سلطة السيد السيستاني بالرفض من قبل بقية الحوزة العلمية في النجف،[137] غير أنها وفّرتِ الاستمراريةَ لأتباع أبيه، فيما مثلت علاقات السيد الصدر بآية الله السيد كاظم الحائري في قم، والذي قدم الغطاء الشرعي للصدر، تحدياً لقيادة السيد السيستاني. دعم النظام الإيراني السيد الصدرَ كأداةٍ يُضعف بها السيطرةَ الأمريكية على العراق رغم علمه أن دعم السيد الصدر سيُنظر إليه في النجف بأنه محاولةٌ لتقويض السيد السيستاني الذي رد على ذلك بممارسة المزيد من السيطرة التدريجية على المراقد وإضفاء الطابع المؤسسي على مرجعيته. وفيما اصطدم السيد الصدر بالحكومة والأحزاب السياسية الأخرى في السنوات التالية، كان للسيد السيستاني دور في حمايته في أوقات الأزمات، معززاً بالتالي سلطته في النجف أكثر فأكثر.

تشكيل الدولة، 2005–2006

شهدتِ فترةُ ما بين عامَي 2003-2005 اضطراباتٍ كثيرةً حين غابت سيادة القانون في عدة أحيانٍ، وأصبحت سيادة الدولة محدودةً، وضعفت المؤسسات الحكومية. حينئذٍ كان الناس لا يزالون يحاولون التأقلم مع فترة ما بعد صدام، وتساءل بعضهم عن وضع الممتلكات العامة، والمال العام، وحتى عن أراضي العراق في ظل سيطرة الاحتلال الذي قادته الولايات

المتحدة. رد السيد السيستاني على عدة استفساراتٍ دينيةٍ تتعلق بهذه الموضوعات، وسعى من خلالها إلى التأكيد على ضرورة سيادة القانون وحماية موارد العراق وسلامته وتحريم الأعمال التي تضر بالمال العام.[138]

وبعد مواصلة الضغط نحو إجراء انتخاباتٍ في أقرب وقتٍ ممكنٍ - رغم مطالبة بعض السياسيين بتأجيلها - وصل السيد السيستاني إلى غايته عندما أكدتِ المفوضية العليا المستقلة للانتخابات أن انتخابات الجمعية الوطنية الانتقالية ستجرى في 30 كانون الثاني / يناير 2005. كانت الجمعية الوطنية مسؤولةً عن تعيين حكومةٍ انتقاليةٍ وصياغة دستورٍ، وهي المرة الأولى التي تمارس فيها الدولة العراقية سيادتها بعد تغيير النظام. حينئذٍ أضفى السيد السيستاني الشرعية على العملية السياسية، وأصدر فتوىً تلزم المواطنين بالتسجيل للتصويت (والتصويت لاحقاً) فجاء فيها: "يجب على المواطنين المؤهلين للتصويت من الذكور والإناث التحقّق من إدراج أسمائهم في سجل الناخبين ... حتى يتسنى للجميع المشاركة في الانتخابات."[139] كانت هذه الفتوى مهمةً لأنها كانت المرة الأولى التي تُستخدم فيها السلطةُ الدينية الشيعية لدعم انتخاباتٍ ديمقراطيةٍ في العراق، وجعْلِ المشاركة واجباً دينياً على الشيعة.

ورغم كون السيد السيستاني أكثر المراجع اتباعاً من قبل الشيعة ويحتل موقعاً مهماً في السلطة في النظام السياسي بعد عام 2003، لم تعترف غالبية الأحزاب الإسلاموية الشيعية به زعيماً روحياً لها، ولم تصغ إلى تعليماته إلا على مضضٍ، لكنها ظلت تلجأ إليه كوسيطٍ في الاتفاقات السياسية. لم يكن للساسة الشيعة أن يغامروا بإقصاء السيد السيستاني أو الصدام معه لأنهم سيخسرون، لكنهم كانوا يستفيدون من شرعيته بين الشيعة بالتحالف معه. كانت أقوى الأحزاب الشيعية هي المجلس الأعلى للثورة الإسلامية في العراق، وحزب الدعوة، والتيار الصدري، وتليها شريحةٌ واسعةٌ من الأحزاب الصغيرة الأخرى.[140] ولضمان عدم دخول الأحزاب الشيعية في صراعٍ على السلطة، ولإبقاء الصدريين في العملية السياسية، دعَمَ السيد السيستاني تشكيلَ الائتلاف العراقي الموحد الذي ضم بعض الأحزاب السنية والأقليات للمنافسة في انتخابات كانون الثاني /

يناير 2005،[141] وكان حريصاً على عدم التصريح بدعم الائتلاف الموحد، غير أن ذلك أتاح له وسيلةً ضمن بها انتخابَ بعض مؤيديه لعضوية الجمعية الوطنية، وأن يصبحوا بالتالي جزءاً من لجنة صياغة الدستور.[142] كان السيد السيستاني يبحث أساساً عن سبيلٍ يستطيع من خلاله تنظيم الائتلاف العراقي الموحد وتأييده بصورةٍ غير رسميةٍ بحيث يضمن تفوق الشيعة في الانتخابات دون تحمل المسؤولية عن ذلك الائتلاف وأدائه لاحقاً.[143]

وهكذا راح كلٌّ من الائتلاف العراقي الموحد والشبكة الدينية المقربة من السيد السيستاني يشجعون الناس على التصويت للقائمة رقم 169 (الائتلاف العراقي الموحد) لأنها نالت "مباركة" السيد السيستاني،[144] ففاز الائتلاف بـ 140 مقعداً في الانتخابات، ثم انتُخب أحدُ قادته، وهو إبراهيم الجعفري، رئيساً للوزراء. تعرض تشكيل الائتلاف العراقي الموحد لانتقادات الأحزاب الأخرى، بمن فيهم رئيس الوزراء آنذاك إياد علاوي. وكان دعم السيد السيستاني الضمني للأحزاب الإسلاموية الشيعية، رغم أنه لم يدم طويلاً، لا يزال يثير استياء البعض، بما في ذلك رجال دين في النجف.[145]

وفي الأشهر القليلة التالية انصب جهد السيد السيستاني على تقديم المشورة ومراجعة مواد الدستور المقترحة،[146] وكان تركيزه، على حد تعبير محمد كلانتري، منصبّاً على "منع المصادقة على 'القوانين المناهضة للشريعة' في الدستور العراقي الجديد".[147] وبالإضافة إلى وجود أحمد الصافي كممثلٍ عنِ السيد السيستاني في لجنة صياغة الدستور، راح مكتب السيد السيستاني يحشد الدعم لإقرار مسودة الدستور بعد الانتهاء منها في 22 أيلول / سبتمبر 2005، وقد قدم المكتب هذا الدعم دون إصدار بيانٍ أو فتوىً باسم السيد السيستاني.[148] أذاع الشيخ عبد المهدي الكربلائي، ممثل السيد السيستاني في كربلاء، دعوةَ السيد السيستاني العراقيين للتصويت على الدستور في صلاة الجمعة يوم 14 تشرين الأول / أكتوبر 2005 رغم بعض التحفظات التي أبداها المرجع على مواد محددةٍ فيه.[149]

أُقِرَّ الدستور عن طريق استفتاءٍ جرى في 15 تشرين الأول / أكتوبر 2005، وتقرر إجراء انتخاباتٍ برلمانيةٍ في 15 كانون الأول / ديسمبر 2005.

كان الأداء الضعيف للحكومة الانتقالية والأحزاب في الائتلاف العراقي الموحد سبباً في دفع السيد السيستاني إلى الحد من تعامله معهم،[150] غير أنه أصدر في 10 كانون الأول / ديسمبر 2005 فتوىً أخرى أكد فيها أهمية التصويت في الانتخابات، وجاء فيها: "إنّ هذه الانتخابات لا تقلّ أهمية عن سابقتها، وعلى المواطنين _ رجالاً ونساءاً _ أن يشاركوا فيها مشاركة واسعة، ليضمنوا حضوراً كبيراً وقوياً للذين يؤتمنون على ثوابتهم ويحرصون على مصالحهم العليا في مجلس النواب القادم، ولهذا الغرض لا بدّ أيضاً من التجنّب عن تشتيت الأصوات و تعريضها للضياع."[151] فاستغل الائتلاف العراقي الموحد الجزء الأخير من الفتوى ليزعم أن السيد السيستاني يؤيد التصويت لصالح تحالفٍ كبيرٍ، أي الائتلاف العراقي الموحد الذي كان يحظى بأكبر تمثيلٍ للشيعة في السياسة.[152] كان الدور الأخير للسيد السيستاني في هذه الفترة الانتخابية يتمثل في دعم استبدال الجعفري برئيس وزراءٍ جديدٍ.[153]

الفتنة الطائفية

أيد السيد السيستاني استبدال الجعفري بعدما دخل العراقُ مرحلةً دمويةً من العنف الطائفي في أعقاب تفجير مرقد الإمامين العسكريين في سامراء في 22 شباط / فبراير 2006.[154] حينذاك بدتِ الحكومة العراقية عاجزةً عن فرض سيادة القانون ومنع الهجمات الطائفية اليومية. التقى السيد السيستاني ببديل الجعفري، نوري المالكي، في أواخر نيسان / أبريل 2006، حينما كان يضع اللمسات الأخيرةَ على حكومته، فقدم السيد السيستاني للمالكي عدة نصائح حول ما ينبغي أن تكون عليه أولوياتُ الحكومة.[155] وخلال زيارة المالكي الثانية له في مطلع أيلول / سبتمبر 2006 تبنّى السيد السيستاني لهجةً أشدَّ انتقاداً مسلطاً الضوء على مواضع فشل الحكومة.[156] كان العنف الطائفي قد بلغ ذروته في صيف عام 2006، ما دفع السيد السيستاني لإصدار رسالةٍ مفتوحةٍ باسمه طالب فيها بوضع حدٍّ لعمليات القتل والانتقام،[157] وواصل الضغط في سبيل استعادة العراق سيادتَه الكاملةَ بانسحاب القوات الأجنبية، وفي سبيل تحمُّل

السياسيين العراقيين مسؤولية بناء الدولة بعيداً عن المصالح الطائفية.[158]

كان العام 2006 في العراق عنيفاً مضطرباً، وبدا أن تدخلات السيد السيستاني كانت محدودةَ التأثير في تحسين الوضع، وفي الواقع كانت تدخلاته غير مُجدية لدرجة أن بعض المراقبين شعروا أن نفوذه في أفولٍ.[159] طالبت المجتمعات الشيعية في جميع أنحاء العراق، بما في ذلك الجماعات المسلحة، السيد السيستاني بإصدار فتوىً تلزم الناس بالجهاد ضد تنظيم القاعدة والدفاع عن المراقد، غير أن السيد السيستاني رفض ذلك الطلب منددا بالانتقامات الطائفية، فساعد موقفه ذاك في منع نشوب حربٍ أهليةٍ واسعة النطاق، لكن ما وقع من عنفٍ طائفيٍّ مروعٍ آلم السيد السيستاني وأصابه بخيبة أملٍ جعلته يعيد تقييم تفاعلاته واتصالاته السياسية.

لم يحققِ السيد السيستاني نجاحاً يذكر في محاولاته إقناعَ القادة السياسيين بضرورة تحسين الحكم ونبذ المصالح الحزبية والطائفية الضيقة؛ لكن من أسباب عدم نجاحه تأثيرَ إيران والولايات المتحدة في السياسة الانتخابية بين عامي 2003 و2006. كان السيد السيستاني يتنافس مع هاتين القوتين الكبيرتين اللتين كانتا تربطهما علاقاتٌ طويلة الأمد بجميع السياسيين العراقيين المنفيين ممن عادوا ليتولوا سدة الحكم، وكان كثيرٌ منهم سعيداً بالانخراط في السياسة الطائفية.

كان السيد السيستاني قد اصبح معروفاً في جميع أنحاء العالم بأنه المرجع الأعلى للشيعة، وأهم شخصية في العراق، وكانت آراؤه ودعمه يُنشَدان من جميع أنحاء المنطقة؛ فعلى سبيل المثال، واستجابةً لطلب رئيس البرلمان اللبناني نبيه بري المساعدةَ في إنهاء الحرب مع إسرائيل في تموز / يوليو 2006، دعا السيد السيستاني بنحوٍ غير مُعلن الرئيس الأميركي جورج دبليو بوش إلى دعم وقفٍ لإطلاق النار.[160]

أدى علو شأن السيد السيستاني ودوره المهم في العراق إلى رد فعلٍ داخلياً وخارجياً، فقد حذر العاهل الأردني الملك عبد الله في عام 2004 من صعود هلالٍ شيعيٍّ، وقال إن "ولاء السيد السيستاني في نهاية المطاف

سيكون لإيران."[161] كما شنّت عدة حركاتٍ متعصبةٍ وطائفيةٍ معركةً دعائيةً ضده سعياً منها إلى تقويض سلطته.[162] وفي كانون الثاني / يناير 2007 أحبطتِ القوات العراقية والأمريكية محاوَلةً لاغتيال السيد السيستاني قامت بها حركةٌ شيعيةٌ مُتطرفة،[163] وفي أيار / مايو 2007 أدلى مقدم برامج في قناة الجزيرة بتعليقاتٍ تشكك في مؤهلات السيد السيستاني ودوافعه، ما أدى إلى اندلاع احتجاجاتٍ لنصرته.[164] وفي خطبة صلاة الجمعة في كانون الأول / ديسمبر 2009، هاجم محمد العريفي، وهو داعيةٌ سنيٌّ متطرفٌ في المملكة العربية السعودية، السيد السيستاني ووصفه بالكافر،[165] كما أظهرت عدة حوادث أخرى خلال تلك السنوات وما تلاها أن ثمة توجساً في جميع أنحاء الشرق الأوسط مما وصل إليه السيد السيستاني من نفوذٍ وتأثيرٍ.

وبين عامي 2007-2008 قلّص السيد السيستاني من تفاعله المباشر مع السياسيين، فيما استمر في تقديم تعليقاتٍ مهمةٍ من خلال وسطاء، حيث راح يقيّم أداء الأحزاب الإسلاموية الشيعية على وجه الخصوص، وأشار إلى أن تلك الأحزاب كانت تحاول ربط نفسها به من أجل الدعاية، ولتحميل السلطة الدينية المسؤولية عن إخفاقات العراق. وفي لقاءٍ نادرٍ مع صحفيين في النجف في 15 أيلول / سبتمبر 2009، قال السيد السيستاني: "في لقاءاتي مع الجهات السياسية أقول لهم لا تجعلوا المرجعية واجهةً لعملكم، بل أنتم انتخبكم الشعب حتى تتحملوا المسؤولية، وأنتم من يدير البلد. وفي أغلب لقاءاتي مع السياسيين أوصيهم بعدم جعل لقائي دعايةً انتخابيةً لهم، بل هم تصدوا للمسؤولية وعليهم تحملها."[166]

انتهى الأمر بالسيد السيستاني بحجب الدعم عن جميع الأحزاب الإسلاموية الشيعية قبيل الانتخابات المحلية التي جرت في كانون الثاني / يناير 2009 وأعرب عن حياده، فيما شجع الناخبين بقوةٍ على المشاركة.[167]

وبحلول عام 2009 أصيب السيد السيستاني بخيبة أملٍ مريرةٍ من النخبة السياسية العراقية، لا سيما تجاه الأحزاب الشيعية التي ادّعت أنها إسلاموية وتعمل وفقاً لتوجيهاته، لكنه ظل يرى أن الانتخاباتِ خيرُ سبيلٍ

للمضي قُدماً في التغييرات والإصلاحات،[168] وكانت رؤيته للنظام السياسي التي عبّر عنها في عام 2004 هي أن يفوز في الانتخابات حزبٌ أو كتلةٌ واحدةٌ فتشكل الحكومة، فيما تشكل الكتلة الأخرى المعارضة فيتنافسان على الأصوات من خلال سياساتهما وبرامجهما.[169] وفي هذا الصدد لم يدْعُ السيد السيستاني إلى أغلبيةٍ طائفيةٍ، بل إلى تشكيل حكومة أغلبيةٍ يتكون فيها الحزب أو الكتلة الفائزة من طوائفَ وأعراقٍ مختلفةٍ، فيكون تمثيلها بذلك حقيقياً. وفي أيار / مايو 2009 وقبل الانتخابات البرلمانية التي كانت مزمعةً في عام 2010 أوضح السيد السيستاني وجهة النظر هذه مرةً أخرى أملاً منه في أن تغير الأحزاب السياسية العراقية طريقة تنافسها في الانتخابات وتشكيلها للحكومات،[170] كما دعا إلى تبني القائمة المفتوحة في قانون الانتخابات.[171]

وعلى مدى الأعوام 2003-2009 أرسل السيد السيستاني إلى الأمم المتحدة والمجتمع الدولي والزعماء الدينيين وحتى الزعماء الأجانب كالرئيس المصري حسني مبارك كثيراً من الرسائل والبيانات التي عبّر فيها عن آرائه حول الأحداث الجارية، وقدّم النصائح، ودعا لدعم العراق ووحدة المسلمين بما في ذلك القضية الفلسطينية.[172] كما استقبل الوفود الأجنبية ووسّع شبكة المؤسسات والأنشطة الاجتماعية والدينية الخاضعة لإشرافه، ووسّع كذلك نطاق المرجعية؛ وفي هذا الصدد أصبح المرجعَ الأعلى، وعُدت آراؤه وتدخلاته في غاية الأهمية للنظام السياسي في العراق وللمسلمين الشيعة عموماً. وقد ساعد السيد السيستاني في تبلور الدولة العراقية الجديدة دون أن يمنح نفسه دوراً رسمياً، فدعا إلى الديمقراطية البرلمانية بدلاً من الحكم الديني؛ وفيما كان يرغب في الحد من مشاركته السياسية الصريحة، استخدم سلطته الدينية للتأثير تأثيراً كبيراً على العملية السياسية في العراق.

العمل كشخصيةٍ معارضةٍ، 2010-2014

بعد أن أدت الانتخابات البرلمانية في آذار / مارس 2010 إلى طريقٍ مسدودٍ، تفاقمتِ التوترات في العراق وسط اتهاماتٍ بالتزوير، ولاح شبح

العنف السياسي؛ فأصر السيد السيستاني على احترام النتائج، وأعرب عن أمله في تجنب أزمةٍ سياسيةٍ كبيرةٍ تقتضي تدخله.[173] حاولتِ النخبة السياسية الحصول على التأييد لإحدى هذه النتائج: دعم المالكي لولايةٍ ثانيةٍ، أو دعم حكومةٍ جديدةٍ بقيادة إياد علاوي، أو اقتراح مرشحٍ توافقيٍّ (وفق رغبة المجلس الأعلى الإسلامي العراقي؛ التجسيد الجديد للمجلس الأعلى للثورة الإسلامية في العراق، والتيار الصدري). تجنب السيد السيستاني الانحياز لأي طرفٍ وأصر على أن تشكيلَ الحكومة وظيفةُ السياسيين، كما صرح أنه يدعم حكومةً تشمل الجميع.[174] غير أن زعماء دوليين - بما في ذلك الرئيس الأمريكي باراك أوباما - وسياسيين عراقيين دعوا السيد السيستاني إلى التدخل بحزمٍ، وذلك أن الانسداد السياسي استمر ستة أشهرٍ.[175] في نهاية المطاف أجبر الضغط الكبير من إيران والولايات المتحدة التيار الصدري وعلاوي على قبول ولايةٍ ثانيةٍ للمالكي، الأمر الذي زاد من خيبة أمل السيد السيستاني من النخبة السياسية بالنظر إلى الطريقة التي جرى بها الاتفاق وما جرى سراً من صفقاتٍ لفرضه.

كما أدت شهورٌ من المشاحنات بين النخبة السياسية ومماطلتها الواضحة إلى ازدراءٍ عامٍّ واسع النطاق. ولما تشكلتِ الحكومة الجديدة في 21 كانون الأول / ديسمبر 2010 كان النواب العراقيون يتقاضَون رواتب تصل إلى 18 ألف دولارٍ شهرياً لمدة سبعة أشهرٍ بينما لم يجتمعوا سوى مراتٍ قليلةٍ في جلساتٍ قصيرةٍ؛ وكان السيد السيستاني في وقتٍ سابقٍ قد دعا كبارَ المسؤولين، بمن فيهم رئيس الوزراء والوزراء وأعضاء البرلمان، إلى تخفيض رواتبهم ومخصصاتهم، وتجنب التركيز على المصالح الشخصية.[176] غير أن هذه الدعوات لم تلق آذاناً صاغية، فأصر السيد السيستاني هذه المرة على وضع قانونٍ لتحقيق ذلك، وتلافي المناصب والتعيينات غير الضرورية للحد من هدر المال العام، غير أن تشكيل الحكومة في كانون الأول / ديسمبر 2010 أفضى إلى تعيين 42 وزيراً وثلاثة نوابٍ لرئيس الجمهورية، ما أثار حفيظة السيد السيستاني بسبب تجاهل نصائحه، فقرر التوقف تماماً عن استقبال السياسيين العراقيين في منزله اعتباراً من كانون الثاني / يناير 2011 في إشارةٍ إلى امتعاضه.

ازداد موقف السيد السيستاني نقداً بعد استخدام الحكومة العنفَ لقمع الاحتجاجات التي عمت البلاد في 25 شباط / فبراير 2011،[177] فأصدر بياناً قال فيه إن على الحكومة إظهارَ تقدمٍ في تحسين الخدمات ومكافحة الفساد، وجدد فيه دعوته إلى الحد من امتيازات كبار المسؤولين المكْلفة.[178] وفي الأيام التي تلتِ الاحتجاجاتِ، أصبحت مقاطعة السيد السيستاني للسياسيين العراقيين واضحةً،[179] فاستقال أحد نواب رئيس الجمهورية، وهو عادل عبد المهدي، في أيار / مايو 2011 بسبب انتقادات السيد السيستاني[180] الذي واصل إصراره على خفض الإسراف في الإنفاق على الرواتب والمخصصات والامتيازات كبادرةٍ تبين للشعب العراقي أن السياسيين جادون في الإصلاح.[181] وبحلول آب / أغسطس 2011 أصبح السيد السيستاني فعلياً المعارضةَ السياسيةَ، وأعلن من خلال تعليقاتٍ لوسائل الإعلام من مصادر لم تُسم من مكتبه، أن السياسيين لا ينصتون إلى نصائحه وتعليماته.[182]

وعلى مدى العامين والنصف التاليين زاد السيد السيستاني من انتقاده للحكومة والنخبة السياسية الأوسع بسبب إخفاقاتهم وتدهور الوضع العام في العراق،[183] ولعله شعر بالخذلان من أولئك الذين بلغوا أعلى المناصب السياسية بفضل دعمه ثم باتوا يرفضون الالتفاتَ لما يقول، فغدَوا بذلك جزءاً من المشكلة. ووفقاً لمصادرَ مقربةٍ من السيد السيستاني: "لكنّ هؤلاء، وبينهم من يَدين منذ البداية بالولاء للسيد السيستاني كما يَدين له بمنصبه نفسه، عندما شعروا أن الأمر وصل إلى جيوبهم، تمنّعوا عن تنفيذ تعليماته ... وأن النواب الذين أتت بهم عباءته إلى البرلمان، كانوا يطيعونه لما كانت الطاعة لمصلحتهم، لكنهم عندما شعروا أن التضحيات باتت مطلوبةً منهم تخلوا عنه."[184]

كان من شأن هذا التغيير الدراماتيكي في غضون سنواتٍ قليلةٍ، والذي تحول فيه السياسيون من السعي وراء تعليمات السيد السيستاني إلى تجاهلها، أن يؤلم السيد السيستاني بلا شكٍّ، فدفعه ذلك إلى إجراء تغييراتٍ لكي يحافظ على رأسماله السياسي، وكان من تلك التغييرات وقفُ لقاءاته بالمسؤولين والسياسيين العراقيين، مع الاستمرار في الوقت

نفسه في مقابلة المسؤولين والشخصيات الأجنبية كي يَحرم النخبةَ السياسيةَ من أية شرعيةٍ بالارتباط به.[185] بالإضافة إلى ذلك ظلت لهجة رسائله التي كان يذيعها في خطب الجمعة الصادرة من مكتبه تنتقد النخبة السياسية لفشلها في تحمل مسؤولياتها،[186] وقد بين ذلك أنه لم يتخل عن العملية السياسية رغم مقاطعته السياسيين، وحرصه على الضغط نحو إصلاح النظام،[187] لكن موقفه هذا أدى إلى عداوة الحكومة، وخاصةً المالكي وائتلافه الذي شعر أن في معارضة السيد السيستاني تهديداً له، ورأى فيها عائقاً محتملاً أمام توليه ولايةً أخرى.[188]

ورغم تفاقم الاضطراب طيلة عام 2013 وحتى عام 2014 الذي شهد صراع حكومة المالكي مع صعود داعش، لم يتدخل السيد السيستاني، بل كان يرى أن التغيير المشروع لا يمكن أن يحدث إلا من خلال إرادة الشعب، وقد اختار الشعب الديمقراطية البرلمانية وسيلةً لتحقيق تلك الإرادة؛ وقد عبّر عن هذا الرأي في ردٍّ على سؤالٍ حول ما إذا كان على نفس القدر من الحياد تجاه السياسيين الذين أبلَوا حسناً في عملهم وتجاه من لم يفعلوا ذلك؛ فشجع الناس مرةً أخرى على التصويت، وقال إن مسؤوليتهمُ اختيارَ المرشح الصالح الكفوء، وليس مسؤوليته هو.[189]

وقبيل الانتخابات البرلمانية في نيسان / أبريل 2014 طلب السيد السيستاني من الناس الاختيار بحكمةٍ وعدم التصويت على أساس الطائفة أو القبيلة، ففهم كثيرٌ من الناس أن ذلك يشير إلى معارضته للمالكي وحكومة متشابهة، خاصةً أن السيد السيستاني كان يدعو بقوةٍ إلى التغيير.[190] وقد كانت إحدى خطب صلاة الجمعة التي ألقاها وكيل السيد السيستاني صريحةً في هذا الصدد: "دعوا الوجوه التي لم تجلب الخير لهذا البلد واستبدلوها بأشخاص آخرين تتحقّقون من كفاءتهم وصلاحهم وحرقة قلوبهم على هذا الشعب المظلوم"[191] فأدى ذلك إلى زيادة التوتر بين معسكر المالكي والسيد السيستاني، وأظهر السيد السيستاني على أنه يمثل الفرصة القوية الوحيدة لمنع فوز المالكي بولايةٍ ثالثةٍ، فيما واجهت بقية النخبة السياسية سيناريو مماثلاً لما حدث في عام 2010 عندما استمات المالكي أثناء انسدادٍ سياسيٍّ دام أشهراً للاحتفاظ برئاسة الوزراء

لولايةٍ ثانيةٍ.

كان السيد السيستاني متمسكاً بمسؤوليته في النصح والإرشاد، غير أن اتخاذَ القراراتِ كان متروكاً للشعب، ففاز في الانتخابات كثيرٌ من الوجوه والأحزاب نفسها رغم تحذيراته، وكان أداء ائتلاف دولة القانون بزعامة المالكي جيداً في الانتخابات، كما حصل المالكي نفسُه على عددٍ قياسيٍّ من الأصوات، فأدت هذه النتائج إلى طريقٍ مسدودٍ آخر مع سعي المالكي لتولي ولايةٍ ثالثةٍ، فيما كانت الأحزاب الأخرى تلاقي صعوبة في تحديد مرشحٍ بديلٍ.

طلب المالكي موافقة السيد السيستاني في رسالةٍ مؤرخةٍ بتاريخ 1 أيار / مايو 2014 وجاء فيها: "يمر العراق بمرحلةٍ جديدةٍ تحتاج إلى رعايتكم وتوجيهاتكم لحماية العملية السياسية من الانحراف أو الخراب." فلم يرد السيد السيستاني[192] الذي كان في الوقت نفسه يتلقى رسائل من قياداتٍ حزبيةٍ أخرى أكدت رفضها تولي المالكي ولايةً ثالثةً، وطالبوا فيها بترشيح بديلٍ عنه من التحالف الوطني. قرر السيد السيستاني انتظار نتائج حوارات الكتل السياسية، وأبلغ ممثلَ الأمين العام للأمم المتحدة أنه لن يتدخل في مسألة تشكيل الحكومة المقبلة إلا في حال حدوث انسداد سياسيٍّ طويلٍ الأمد ومواجهة البلاد أزمةً خانقةً تهدد العملية السياسية برمتها.[193]

داعش تكشف الإخفاقات

أظهر سقوط الموصل في أيدي داعش في العاشر من حزيران / يونيو وتقدم الجماعة المتطرفة إلى ضواحي بغداد لاحقاً مدى قرب البلاد من الانهيار وكشَفَ إخفاقات الحكومة. اذ واجه العراق تحدياتٍ داخليةً هائلةً وكان معزولاً دولياً، ولم تكن أية دولةٍ أجنبيةٍ على استعدادٍ لتقديم يد العون باستثناء إيران.

وفي 13 حزيران / يونيو أصدر السيد السيستاني فتوىً بالجهاد الدفاعي الكفائي (رغم أنه لم يستخدم مصطلح "الجهاد") لمواجهة داعش، ما حفّز المجهود الحربي وأدى إلى إضعاف سلطة المالكي بوصفه القائد الأعلى

للقوات المسلحة لأنه كان يُنظر إليه أنه المسؤولَ عن انهيار القوات الأمنية.

وفي 20 حزيران / يونيو وجّه السيد السيستاني أيضاً إشارةً أخرى إلى ائتلاف دولة القانون والأحزاب الأخرى بأن عليهم الإسراع في تشكيل حكومةٍ جديدةٍ برئيس وزراء جديدٍ، وجاءت الرسالة في خطبةٍ أخرى في صلاة الجمعة: "من الضروري أن تتحاور الكتل الفائزة ليتمخّض عن ذلك تشكيل حكومة فاعلة تحظى بقبولٍ وطنيٍّ واسع تتدارك الأخطاء السابقة."[194]

أدتِ ضغوط السيد السيستاني إلى اجتماع قادة حزب الدعوة الذي ينتمي إليه المالكي في 23 حزيران / يونيو، فاتفقوا على إرسال رسالةٍ إلى السيد السيستاني يطلبون فيها نصيحته بشأن ما ينبغي القيام به، وذلك أن ائتلافهم الانتخابي فاز بأكبر عددٍ من المقاعد البرلمانية وكان له الحق في إعادة ترشيح المالكي لرئاسة الوزراء، وجاء في الرسالة: "نتطلع إلى توجيهاتكم وارشاداتكم ونعاهدكم أننا رهن أمركم بكل صدق في كل المسائل المطروحة وفي كل المواقع والمناصب لادراكنا بعمقَ نظرتكم، ومنطلقين من فهمنا للمسؤولية الشرعية." فكانت الرسالة في الأساس ترمي إلى إيجاد مبررٍ قانونيٍّ دينيٍّ لئلا يتولى المالكي منصب رئيس الوزراء؛ فأرسل السيد السيستاني في 10 تموز / يوليو رداً صِيغ بعنايةٍ أبدى فيه رأيه لكنه لم يُصدر فتوىً تدعو إلى إقالة المالكي، فقال: "أرى ضرورة الإسراعَ في اختيار رئيس جديد للوزراء يحظى بقبولٍ وطنيٍّ واسعٍ ويتمكن من العمل سوية مع القيادات السياسية لبقية المكونات لإنقاذ البلد من مخاطر الإرهاب والحرب الطائفية والتقسيم."[195]

كان من شأن الرسالة أن تحل المسألة، غير أن المالكي منع نشرها ورفض الإذعان لما جاء فيها، وعلى مدى الشهر التالي تجاهل رغباتِ حزبه والائتلاف الوطني من الأحزاب الشيعية بتنحيه، وحتى أنه تجاهل الأمين العام للأمم المتحدة بان كي مون الذي صرح بأن الانتخاباتِ في حد ذاتها "لا تعطي السلطة أو الشرعية الكاملة."[196]

عزل المالكي

في خطبة الجمعة بتاريخ 25 تموز / يوليو 2014 ألمح السيد السيستاني إلى أن على المالكي مواجهة الواقع فقال: "على الأطراف المعنية التحلّي بروح المسؤولية الوطنية التي تتطلّب استشعار مبدأ التضحية ونكران الذات وعدم التشبّث بالمواقع والمناصب، بل التعامل بواقعية ومرونة مع معطيات الوضع السياسي الداخلي والخارجي وتقديم مصالح البلد والشعب العراقي على بعض المكاسب السياسية الشخصية".[197]

غير أن المأزق استمر دون حلٍّ بسبب إحجام المالكي عن تقديم تنازلاتٍ، مبرراً ذلك بأنه فاز بالانتخابات وأن له الحق المشروع في الاحتفاظ بمنصب رئاسة الوزراء (حصل تحالفه الانتخابي على أكبر عددٍ من المقاعد لكنها لم تكن كافيةً لتشكيله حكومةً بمفرده.)

وفي 10 آب / أغسطس ألقى المالكي بياناً متلفزاً غاضباً زعم فيه أن الرئيس فؤاد معصوم انتهك الدستور بامتناعه عن ترشيح رئيسٍ للوزراء ضمن المهلة المحددة، وقال المالكي إنه رفع ضد معصوم دعوىً في المحكمة العليا.[198]

دفع هجوم المالكي ذاك الرئيسَ ورئيسَ البرلمان وقادة حزب الدعوة وغيرهم من الائتلاف الوطني إلى التحرك؛ فطلب معصوم في اليوم التالي من حيدر العبادي، أحد كبار قادة حزب الدعوة، تشكيلَ الحكومة ليصبح رئيس الوزراء المقبل.[199] وقد حظي العبادي بدعم 128 عضواً في البرلمان من التحالف الوطني، فيما واصل 52 عضواً دعم المالكي.[200]

وكان مما أثار القلقَ حشدُ المالكي قواتٍ داخل المنطقة الخضراء وفي محيطها، وفيها مقر الحكومة العراقية والبرلمان والمحكمة العليا، فرأى البعض في ذلك بوادرَ انقلابٍ لولا أنْ أكد المسؤولون العسكريون لرئيس الجمهورية والعبادي، رئيس الوزراء المكلف، أنهم لن يقفوا في صف المالكي.[201]

وفي 12 آب / أغسطس رفع المالكي دعوىً جديدةً أمام المحكمة العليا

طعن من خلالها في ترشيح العبادي، لكنه صُدم لمّا اكتشف ترحيبَ إيران بتكليف العبادي.[202] وفي اليوم التالي أكد المالكي مجدداً رفضه التنحي وقال إن تكليف العبادي لا قيمة له،[203] فسرّب حزب الدعوة في تلك الليلة رسالة السيد السيستاني أملاً منهم أن يتقبل المالكي مصيره، وفي 14 آب / أغسطس تلقى المالكي رسالةً مفادها أن السيد السيستاني سيدعو صراحةً إلى عزله في خطبة جمعة اليوم التالي، ما أجبر المالكي في النهاية على الرضوخ.[204]

استخدم السيد السيستاني سلطته السياسية غير الرسمية لإجبار المالكي على التنحي دون أن ينخرط في السياسة رسمياً ودون التفريط باستقلاله عن الدولة. سلطت هذه الحادثة الضوء على مدى خطورة تدخل المرجع في السياسة، كما أظهرت قوة السيد السيستاني، وكذلك حدود قوته تلك.[205]

وبعد بضع سنواتٍ من تراجع دوره في السياسة، أدى فرض تغيير رئيس الوزراء وإصدار فتوى الجهاد إلى إعادة التأكيد على أهمية السيد السيستاني ودوره السياسي في العراق، وكان للجوء المجتمع الدولي - بما في ذلك الولايات المتحدة والأمم المتحدة وإيران - إلى السيد السيستاني لحل كلتا الأزمتين دوراً في منح مرجعيته اعترافاً غير مسبوقٍ،[206] فرفع السيد السيستاني بذلك مكانةَ المرجع، مع الحفاظ على أحقية وشرعية إرادة الشعب والعملية الديمقراطية؛ والأهم من ذلك أن تدخُّل السيد السيستاني لم يقوض المبادئ الديمقراطية التي عمل جاهداً على ترسيخها وعدم استبدالها بالسلطة الدينية، واحتفظ بتدخلاته لأوقات التهديد الوجودي.

غير أن دوره كمحكّمٍ و"حامٍ" للديمقراطية العراقية باستخدام سلطته غير الرسمية يعني أنه كان كمن يسير على حبلٍ مشدودٍ، فيما شعر بعض النقاد أنه لم يكن محايداً حقاً ولا ينبغي أن يحظى بصفته رجل دينٍ بكل تلك السلطة والنفوذ في الدولة المدنية. وفي ذلك قالتِ الباحثة كارولين مرجي صايغ: "حاول السيد السيستاني إبقاء العملية الديمقراطية تسير في اتجاهٍ من شأنه أن يحافظ على الوحدة الوطنية، وتطور البلاد على أسسٍ مدنيةٍ، وحياده واستقلاله فيما يتعلق بالدولة؛ فلم ينجح دائماً، غير أن

ذلك كان مجرّد تجربةٍ بعد سنواتٍ من الحكم الاستبداديّ وسنواتٍ من صمت الحوزة."[207]

فتوى الجهاد في عام 2014

وسرعان ما أعقب سقوط الموصل، في 10 حزيران / يونيو 2014، وفي اليومين التاليين تحديداً، وقوع مجزرة معسكر سبايكر، وهي قاعدةٌ عسكريةٌ عراقيةٌ، وسقوط تكريت ومناطق أخرى، ووصول داعش إلى مشارف بغداد. وفي 12 حزيران / يونيو انتشرت مقاطع فيديو وصورٌ تُظهر أسر تنظيمَ الدولة الإسلامية الآلاف من مجندي الجيش العراقي في قاعدة سبايكر بالقرب من تكريت. أعلنت وسائل الإعلام التابعة لداعش أن الجماعة أعدمت 1700 مجند شيعي، وأظهرت مقاطع فيديو نُشرت لاحقاً التفاصيل المروعة للمذبحة. لا يمكن التقليل من تأثير تلك الأيام الثلاثة على الشعب العراقي وقوات الأمن والمنطقة عموماً. ظل داعش، بأشكاله وتسمياته المختلفة، يُرهب المناطق الريفية في العراق على مدى عشر سنواتٍ من خلال عمليات الاختطاف والقتل والتفجيرات التي تخللها استيلاء التنظيم على البلدات والقرى، غير أن حملات التنظيم تصاعدت تصاعداً ملحوظاً منذ عام 2012.

أدى انهيار قوات الأمن العراقية أمام هجوم داعش إلى تهديدٍ أمنيٍّ خطيرٍ بدا حينها أنْ ما من سبيلٍ لإيقافه؛ فسحبتِ السفارات الأجنبية موظفيها، ونزح كثيرٌ من الناس لدى اجتياح داعش مدنهم وقراهم، وواجهت السلطات العراقية احتمال انهيار الدولة بأكملها في حال سقطت بغداد.

أدى هجوم داعش إلى انهيار ثلاث فرقٍ من الجيش العراقي وجميع قوات الشرطة الاتحادية العاملة تقريباً في محافظات نينوى وصلاح الدين والأنبار، وكانت قوات الأمن العراقية في حالة تخبطٍ، فيما بدتِ الولايات المتحدة ودولٌ أخرى، بما في ذلك جيران العراق، غيرَ مستعدةٍ للتدخل رغم طلب الحكومة المساعدة منها.[208]

كان السيد السيستاني قد حذّر الحكومة لسنواتٍ، وخاصةً في الأشهر

التي سبقت حزيران / يونيو 2014 من أنها تخاطر بحدوث انهيارٍ أمنيٍّ إنْ لم تعالج سلبَ الحقوق وتفشي الفسادَ ونقصَ الخدمات للشعب، غير أن سقوط الموصل كان لحظةً فاصلةً بدت فيها الحكومة مشلولةً؛ ولذا راح السيد السيستاني يفكر بعمقٍ في سبلٍ لتدارك الوضع؛ فداعش كان قد هدد بالسيطرة على مدن المراقد المقدسة وكان يقترب من سامراء، وهي تطوراتٌ أعادت إلى الأذهان إراقة الدماء الطائفية التي وقعت بعد تفجير مرقد الإمامين العسكريين في شباط / فبراير 2006 على يد تنظيم القاعدة. كان الوضع خطيراً جداً وكانت وتيرة الأحداث سريعةً، فرأى السيد السيستاني أنه لا ينبغي الاستهانة بتهديد داعش.

كما أن لدى السيد السيستاني فهماً عميقاً للتاريخ، وكان على درايةٍ بحوادثَ تاريخيةٍ مماثلةٍ أدى فيها سوء الإدارة والفساد وتجاهل التحذيرات إلى نشوب صراعٍ كبيرٍ، وقد برز له حدثٌ واحدٌ على وجه الخصوص لما فيه من أوجه تشابهٍ، لا سيما بالنظر إلى الذعر الذي أصاب أهل بغداد، ألا وهو حصار أصفهان عام 1722، ففي تلك الحرب التي اندلعت قبل ثلاثة قرونٍ استغلت قوةٌ صغيرةٌ من المحاربين القبليين الأفغان الاضطراباتِ المدنيةَ، وتدهوُرَ الإمبراطورية، وضعف القيادة، فهزموا الدولة الصفوية الفارسية. ذكّرت الفترة التي سبقت الحصار السيد السيستاني بالأحداث الجارية، ففي تلك الحادثة، كما في عام 2014، قوبلت تحذيرات رجال الدين بالتجاهل، ولم تُبن الدفاعات اللازمة؛ فتبين للسيد السيستاني من تلك الأحداث السابقة أن تحذيرات رجال الدين ونصائحهم لا تكفي في ظروفٍ كهذه.

أدرك السيد السيستاني أنه إن عزم على التدخل كان عليه أن يكون حاسماً بما يكفي لتغيير مسار الأحداث وتدارك الوضع. وفي ساعاتٍ متأخرةٍ من ليلة 12 حزيران / يونيو وحتى صباح 13 حزيران / يونيو راح يمعن النظر في خياراتٍ شتى قبل أن يستقر على استخدام خطبة الجمعة منبراً لتدخله،[209] فأملى على ابنه السيد محمد رضا نص الخطبة، ثم سلمها إلى عبد المهدي الكربلائي، ممثل السيد السيستاني في كربلاء، ليقرأها.

وفي خطبة الجمعة بكربلاء في 13 حزيران / يونيو أعلن الكربلائي الفتوى بالدفاع ضد داعش واجبٌ دينيٌّ:

> إن طبيعة المخاطر المحدقة بالعراق وشعبه في الوقت الحاضر تقتضي الدفاع عن هذا الوطن وأهله وأعراض مواطنيه وهذا الدفاع واجب على المواطنين بالوجوب الكفائي، بمعنى أنه إذا تصدى له من بهم الكفاية بحيث يتحقق الغرض وهو حفظ العراق وشعبه ومقدساته يسقط عن الباقين . ومن هنا فإن المواطنين الذين يتمكنون من حمل السلاح ومقاتلة الارهابيين دفاعاً عن بلدهم وشعبهم ومقدساتهم عليهم التطوع للانخراط في القوات الأمنية.[210]

كانت الفتوى من نوع الواجب الكفائي، أو المسؤولية الجماعية، أي أنها تلزم جميع المؤمنين بالاستجابة للدعوة، إلا أنها نصت أيضاً على ألا حاجة لانخراط الجميع فيها إنِ استجاب لها عددٌ كافٍ من الناس، وقد دعتِ الفتوى الرجال على وجه التحديد إلى التطوع في قوات الأمن العراقية دفاعاً عنِ الوطن ومقدساته؛ فلم يَقصر السيد السيستاني دعوته على العراقيين ممن يرون فيه مرشدَهم الروحي، بل دعا كذلك سواهم من العراقيين كافةً أياً كانت خلفياتهم الدينية أو العرقية؛ وبذا أصدر فتواه الاستثنائية لأن الوضع غدا خطيراً للغاية، إذ باتت هنالك حاجةٌ إلى موجة مقاتلين يوقفون هجوم داعش ويستعيدون الثقة في قوات الأمن العراقية.

كان من المثير للاهتمام عدم ورود كلمة الجهاد في نص الفتوى،[211] والجهادُ في الفقه الشيعي لفظٌ يشير إلى القتال في سبيل الإسلام، لكن السيد السيستاني كان يدعو المتطوعين للانضمام إلى قوات الأمن الحكومية والقتال وفق هيكلها وتسلسل قيادتها. إن الدعوة الحقيقية إلى الجهاد مختلفةً، وستوجب على المسلمين خوض حربٍ مقدسةٍ، ولذا كانت دعوة السيد السيستاني أوسع بكثيرٍ فلم يستخدم كلمة الجهاد؛ غير أن الاستخدام الشعبي التدريجي لمصطلح فتوى الجهاد أدى إلى جعل هذا المصطلح إشارةً شائعةً للفتوى.[212]

حثت خطبة 13 حزيران / يونيو قوات الأمن والمتطوعين على الدفاع عن الوطن؛ ولما أدرك السيد السيستاني أن داعش يستخدم تكتيكات التخويف ويبني زخماً، أراد أن يقلب الدفة من خلال تحفيز العراقيين على التحرك فقال: "لا يجوز للمواطنين الذين عهدنا منهم الصبر والشجاعة والثبات

في مثل هذه الظروف أن يدبَ الخوفُ والاحباطُ في نفسِ أيِّ واحدٍ منهم، بل لا بد أن يكون ذلك حافزاً لنا للمزيد من العطاء في سبيل حفظ بلدنا ومقدساتنا."[213] ومن خلال إجازة القتال الدفاعي صرح السيد السيستاني أن كل من يُقتل أثناء أداء الواجب سينال منزلة الشهيد الدينية السامية: "من يضحي بنفسه منكم في سبيل الدفاع عن بلده وأهله وأعراضهم فإنه يكون شهيداً."[214]

كان للفتوى التأثير المطلوب المتمثل في تحفيز العراقيين على القتال ضد داعش، وقد نَسب لها القادة والمسؤولون العراقيون والأجانب الفضلَ في عدم سقوط بغداد.[215] وخلال الأيام بعد صدور الفتوى تطوع عشرات الآلاف من الرجال للانضمام إلى قوات الأمن العراقية من خلفياتٍ متنوعةٍ، وقد ترك جلهم وراءهم وظائفهم وعائلاتهم للقتال من أجل القضية الوطنية والدينية. وحتى قبل صدور فتوى السيد السيستاني، كان المالكي قد أنشأ هيئةً حكوميةً رسميةً، وهي هيئة الحشد الشعبي، بأمرٍ تنفيذيٍّ، تحسباً للحاجة إلى تنظيم المتطوعين، ثم استخدمتِ الحكومة هذا الكيان الجديد لاستيعاب عشرات آلاف المقاتلين الجدد في كيانٍ واحدٍ. وبالإضافة إلى ذلك أعلنتِ العديد من المجموعات شبه العسكرية الموجودة قبلاً عن تعبئتها كجزءٍ من هيئة الحشد الشعبي ونقلت كوادرها إلى جبهات القتال.

الحشد الشعبي

كان الدعم التنظيمي الذي قدمته هيئة الحشد الشعبي لهذه الوحدات والمقاتلين الجدد محدوداً، فانتهى الأمر بالعديد منهم إلى العمل كقواتٍ شبه عسكريةٍ تُعرف مجتمعةً باسم الحشد الشعبي، وقد نجحت هذه القوات مجتمعةً في صدّ داعش، غير أنها راحت منذ ذلك الحين تمثل مشكلةً للعراق، إذ تُعد نوعاً من الجهات الفاعلة الهجينة التي لها قدمٌ في الدولة وأخرى خارجها. أما اليوم وبعد فترةٍ طويلةٍ من طرد داعش من الأراضي العراقية، لا تزال لبعض هذه القوى مصالحُها وأجنداتها الاقتصادية والسياسية الخاصة بها، وهو ما يمثل مشكلةً للحُكم. تشير العديد من مجموعات "قوات الحشد الشعبي" إلى نفسها على أنها جزءٌ من "المقاومة

الإسلامية"، وتصرح بولائها للعراق، غير أن ولاءها الديني هو لآية الله السيد الخامنئي لا للسيد السيستاني؛ ولذا يرى النقاد أن هذه الجماعات، ككتائب حزب الله وعصائب أهل الحق، تخضع فعلياً لقيادة الحرس الثوري الإيراني، لا لرئيس الوزراء العراقي، ومن الانتقادات اللاذعة الموجهة إلى السيد السيستاني هو إجازته دور هذه الميليشيات.

غير أن هذا التوصيف لأفعال السيد السيستاني ودوافعه توصيفٌ يفتقر إلى الدقة، فصحيحٌ أن الأزمة التي كان يواجهها العراق كانت تستدعي اتخاذ إجراءاتٍ استثنائيةٍ، غير أن السيد السيستاني كان واضحاً في أن دعوته كانت تهدف إلى تقوية الجيش العراقي، لا إنشاءِ ميليشياتٍ، وقد قال في بيانٍ صدر بعد أسبوعٍ من الفتوى:

> إنّ دعوة المرجعية الدينية إنّما كانت للانخراط في القوات الأمنية الرسمية، وليس لتشكيل مليشيات مسلّحة خارج إطار القانون، فإنّ موقفها المبدئي من ضرورة حصر السلاح بيد الحكومة واضحٌ، ومنذ سقوط النظام السابق، فلا يتوهّم أحدٌ أنّها تؤيد أيّ تنظيمٍ مسلحٍ غير مرخّصٍ به بموجب القانون، وعلى الجهات ذات العلاقة أن تمنع المظاهر المسلحة غير القانونية، وأن تبادر إلى تنظيم عملية التطوع وتعلن عن ضوابط محدّدةٍ لمن تحتاج إليهم القوات المسلحة والأجهزة الأمنية الأخرى.[216]

كان هدف السيد السيستاني في الأساس رفد قوات الأمن العراقية بالمجندين وخلق دافعٍ وطنيٍّ للدفاع عن البلاد ضد إرهاب داعش، وحينذاك فسّر الشيعة العراقيون تصرفاته كلها على أنها محاولةٌ لإبقاء العراق موحداً في وجه التدخل الأجنبي من إيران والولايات المتحدة وغيرهما، وتحقيق الاستقرار في الوطن، ومساعدته في التحول إلى ديمقراطيةٍ تعدديةٍ. وفي خطب الجمعة التي قرأها عنه ممثلوه، وفي رسائله المكتوبة - التي تتضمن نصائحَ وإرشاداتٍ للمقاتلين على جبهات القتال - لم يستخدم السيد السيستاني مصطلح الحشد الشعبي قط، بلِ اكتفى بتسمية المقاتلين "بالمتطوعين"، وهذا الموقف جديرٌ بالملاحظة، فهو يُظهر حرص السيد السيستاني على عدم اتهامه بأنه يضفي الشرعية على مجموعاتٍ

متنوعةٍ ممن لديها أجنداتٌ مختلفةٌ قد تقوض الدولة.[217]

يرى أنصار السيد السيستاني أنه لا ينبغي تحميله مسؤولية إنشاء قوات الحشد الشعبي، أو كيفية تعامل قوات الحشد مع الدولة، كما لا يمكن إعفاء الدولة من مسؤولية التعامل مع تداعيات السماح بتكاثر التنظيمات شبه العسكرية. دأب السيد السيستاني على دعوة قوات أمن الدولة بكافة أشكالها إلى احترام سيادة القانون وحماية المدنيين الأبرياء، فيما أشاد بالتضحيات التي قُدمت في معارك تحرير البلاد من داعش.[218] وحتى مع اقتراب الحرب ضد داعش من نهايتها، أكد السيد السيستاني أن فتواه التي تلزم الناس بالانضمام إلى قوات الأمن لا تزال سارية المفعول.[219]

ينبغي كذلك تقييم السياق الأوسع الذي صدرت فيه الفتوى، فحينئذٍ كانت العديد من الجماعات المسلحة العراقية موجودةً أصلاً كميليشياتٍ لا تخضع لسيطرة الدولة، وكانت تنقل المجندين إلى سوريا بما يتعارض مع سياسة الحكومة، ثم إن بعض هذه الميليشيات قدِ اشتبكت مع قوات أمن الدولة في الماضي، فظل السيد السيستاني لسنواتٍ يرى في هذه الفصائل إهانةً ومشكلةً للدولة. نصت الفتوى بوضوح على انضمام المتطوعين إلى مؤسسات الدولة من خلال ذكر قوات الأمن الرسمية، لا على تشكيل ميليشياتٍ مسلحةٍ، غير أن موجة التجنيد بعد الفتوى لم تذهب في معظمها إلى الجيش أو الشرطة، بل إلى الميليشيات شبه الحكومية، بما في ذلك الميليشيات الإشكالية. ورغم محاولة الحكومة لاحقاً التعامل مع هذه الفصائل على أنها قواتٌ تابعةٌ للدولة من خلال ضمها إلى هيئة الحشد الشعبي، ظلت الهوية المميزة والأنشطة العملياتية لهذه الميليشيات خارج سيطرة الدولة.

إن الولاءات المنقسمة لهذه الجهات الفاعلة الهجينة لا تلبي رغبات السيد السيستاني، ولا تمثل النتيجة التي كان يرجوها قطعاً، فقد أراد السيد السيستاني أن ينضم المجندون إلى الشرطة والجيش الاتحاديين لتجديد الفرق العسكرية التي انهارت بعد سقوط الموصل. ثمة مثالٌ آخر على النيّات في هذا الصدد؛ وهو أن أربعة ألويةٍ من وحدات الحشد الشعبي قد أعلنت ولاءها له، فحاول في عام 2020 نقل تلك الألوية من هيئة الحشد

الشعبي إلى وزارة الدفاع لتكون تحت سيطرة الدولة بشكلٍ أكثر صرامةٍ.[220]

صحيحٌ أن تلك الميليشياتِ استفادت من الفتوى في إضفاء الشرعية والطابع الرسمي على دورها، لكن لو أمعنا النظر لوجدنا أن السيد السيستاني لم يكن لديه كثيرٌ من الخيارات الأخرى، ورغم أن الآثار المصاحبة غير المقصودة للفتوى ربما قوّت من شوكة الميليشيات، لكن هدف الفتوى الأساسي في تدعيم دفاعات العراق ضد داعش ومنع انهيار الدولة قد تحقق، وبذا بلغت الفتوى مقصدها.

لحظةٌ غير مسبوقةٍ

كان لتلك الفتوى آثارٌ غير مسبوقةٍ في تاريخ المذهب الشيعي، فضلاً عن كونها لحظةً حاسمةً في تاريخ العراق، وكانت أبلغَ الأحداث أثراً في السياسة الشيعية الحالية.

رغم النشاط السياسي لعددٍ كبيرٍ من المراجع وتأثيرهم في الأحداث عبر الحدود، لم يُصدر إلا قلةٌ منهم فتاوى جهاديةً عامةً، وعند تقييم التاريخ المعاصر، لا نجد سوى عددٍ قليلٍ من الفتاوى الجهادية الصادرة عن كبار المراجع، وأصدرها تحديداً مراجع النجف دون غيرهم.[221] في تشرين الثاني / نوفمبر 1908 أصدر الآخوند الخراساني، إلى جانب الميرزا حسين الخليلي، والشيخ عبد الله المازندراني، فتوىً بالجهاد ضد محمد علي، شاه بلاد فارس القاجاري، لقمعه البرلمان والدستور. وفي كانون الأول / ديسمبر 1911 أصدر الخراساني (مع كبار المراجع الآخرين) والسيد محمد كاظم اليزدي فتاوى منفصلةٍ تدعو للجهاد ضد الغزو الإيطالي لليبيا والغزوين الروسي والبريطاني لإيران. وفي تشرين الثاني/ نوفمبر 1914 أصدر جميع كبار المراجع في العراق بياناً بالجهاد ضد البريطانيين بعد غزوهم البصرة. وفي حزيران / يونيو 1920 سمح الميرزا محمد تقي الشيرازي (الذي كان يقيم في كربلاء حينذاك) للناس في العراق باستخدام القوة ضد البريطانيين للمطالبة بحقوقهم. وفي آب / أغسطس 1920 أصدر شيخ الشريعة الأصفهاني فتوىً بالجهاد ضد البريطانيين دفاعاً عن الأمة ولنيل

استقلال العراق. وفي تموز / يوليو، وآب / أغسطس 1937 أصدر العديد من مراجع النجف فتاوى جهاديةً ضد الصهاينة في فلسطين. وفي آب / أغسطس 1938 (ومرةً أخرى في أيلول / سبتمبر 1947)، أصدر آية الله الشيخ محمد حسين كاشف الغطاء فتوىً للجهاد في فلسطين،[222] وفي حزيران / يونيو 1967 أصدر آية الله السيد محسن الحكيم فتوىً دعا فيها إلى الجهاد ضد إسرائيل.

من أسباب ندرة فتاوى الجهاد كان الجدل حول ما إذا كان للمجتهد السلطةُ في إصدار تلك الفتوى، وما إذا كان هناك فرقٌ بين الجهاد الهجومي والدفاعي، وعلى من وإلى أي مدىً تنطبق الفتوى، وما إذا كان لمجتهدٍ آخر أن يبطلها. ينبع هذا الجدل من موضوع الولاية - وهي السلطات التي يحظى بها المراجع بصفتهم نواباً غير مباشرين للإمام - وهي في صميم الجدل الدائر حول الحكومة الإسلامية.[223]

إن مكانة السيد السيستاني في العراق بوصفه المرجع الأعلى الذي لا يضاهيه مرجعٌ آخر تساعده في ترسيخ سلطته، ما جعله على استعداد لإصدار الفتاوى أكثر مما يتوقع المرء، كما أن الحرية السياسية التي يحظى بها مقارنةً بأسلافه تشجعه على التدخل، خاصةً أن السيد السيستاني يؤمن أن من واجبه الردَّ على الاستفسارات ذات الطابع السياسي.[224]

مرشدٌ وناقدٌ 2014-2023

بعد أداء حيدر العبادي اليمينَ الدستوريةَ كرئيسٍ للوزراء الجديد في أيلول / سبتمبر 2014، راح السيد السيستاني يجتمع بالسياسيين في الحكومة الجديدة راجياً أن يكونوا أكثر استعداداً للإصغاء واتخاذ قراراتٍ عاجلةٍ بالنظر إلى خطورة الوضع في العراق،[225] كما كان ممثلو السيد السيستاني في كربلاء يلتقون بانتظامٍ بالوزراء والمسؤولين الحكوميين والسياسيين.

قاوم المالكي الدعوات لتخليه عن منصب رئاسة الوزراء بعد انتخابات نيسان / أبريل، وفي النهاية لم يتنحَّ إلا بعد تسريب رسالةٍ خاصةٍ من السيد السيستاني حثه فيها على قبول نتائج الانتخابات. حينئذٍ قدم السيد

السيستاني الدعم لحكومة العبادي الجديدة، بل وانخرط في علاقات العراق الخارجية. وفي اجتماعٍ مع الرئيس فؤاد معصوم في 11 تشرين الثاني / نوفمبر، سلّم السيد السيستاني للرئيس رسالةً ليوصلها للقيادة السعودية التي كان من المقرر أن يلتقي بها معصوم في الرياض بعد ثلاثة أيامٍ. (غالباً ما فضّل السيد السيستاني وسائل التواصل غير المباشرة هذه). دعا المرجع في تلك الرسالة إلى تعزيز العلاقات بين البلدين مطمئناً السعوديين أنْ ليس هنالك أي موقفٍ شيعيٍّ ضد المملكة العربية السعودية،[226] فاستجاب السعوديون بإيجابيةٍ، ما منح حكومة العبادي فرصةً لتجديد العلاقات بين البلدين.

وفي الأشهر الستة الأولى من عمر الحكومة الجديدة، استخدم السيد السيستاني الاجتماعات وخطب الجمعة للتركيز على الحفاظ على دعم المجهود الحربي فيما كان ينتظر لمعرفة ما الإصلاحات التي كان رئيس الوزراء يقوم بها. زار العبادي السيد السيستاني في نيسان / أبريل 2015 واشتكى له عدم تعاون النخبة السياسية في دفع الإصلاحات قُدماً، وأنه ناضل من أجل إجراء تغييراتٍ حقيقيةٍ، (كان السيد السيستاني قد ضغط على العبادي بشأن جملة إصلاحاتٍ متنوعةٍ منها خفض رواتب وامتيازات كبار الموظفين الحكوميين، وإنهاء سيطرة الأحزاب على الوزارات والمؤسسات العامة المهمة، والحد من هدر المال العام والبيروقراطية)، فطلب منه السيد السيستاني أن يكون جريئاً صريحاً مع الشعب العراقي كي يحرج الأطراف التي تعرقل الإصلاحات.

غير أن الشهرين التاليين مرّا دون إحراز تقدمٍ كبيرٍ، ومع اشتداد موجة الحر في شهر تموز / يوليو وتعطل خدمة الكهرباء السيئة مرةً أخرى، اندلعتِ احتجاجات في بغداد وعدة مدنٍ في الجنوب، وقد تركز الغضب والسخط على سوء أداء الحكومات المحلية، وطالب المتظاهرون باجتثاث الفساد،[227] فحذر السيد السيستاني العبادي من أن إلقاء اللوم على الحكومات السابقة على سوء الخدمات ليس كافياً، لا سيما فيما يخص نقص الكهرباء في حرارة الصيف المعتادة،[228] غير أن الأسابيع الثلاثة التالية لم تحمل سوى ردود فعلٍ محدودةٍ من العبادي، فرأى السيد السيستاني مرةً أخرى

ضرورة التحدث بصورةٍ مباشرةٍ للغاية.

اختار المرجع مجدداً خطبة الجمعة منبراً لتدخله، فبثّ في 7 آب / أغسطس أقوى خطابٍ علنيٍّ له حتى حينه ودعا فيه إلى إجراء إصلاحاتٍ فوريةٍ، وأشار أيضاً إلى مواصلة دعمه للعبادي، لكنه حذر كذلك من أن صبره راح ينفد.

بدأتِ الخطبة بتوضيح الجهة المسؤولة عن تردي أحوال العراق، وجاء فيها: "إن القوى السياسية من مختلف المكونات التي كانت ولا تزال تمسك بزمام السلطة والقرار من خلال مجلس النواب والحكومة المركزية والحكومات المحلية تتحمل معظم المسؤولية عما مضى من المشاكل وما يعاني البلد منها اليوم وعليها ان تتنبه الى خطورة الاستمرار على هذا الحال وعدم وضع حلول جذرية لمشاكل المواطنين الذين صبروا عليها طويلا."[229]

وتابعت الخطبة بتأكيد غضب الشعب: "إن الشعب الذي تحمل الصعاب وتحدى المفخخات وشارك في الانتخابات واختار من بيدهم السلطة من القوى السياسية يتوقع منهم وهو على حق في ذلك أن يعملوا بجد في سبيل توفير حياة كريمة له ويبذلوا قصارى جهودهم لمكافحة الفساد وتحقيق العدالة الاجتماعية."

ثم خاطب السيد السيستاني رئيسَ الوزراء مباشرةً - وهو ما لم يفعله من قبل - فحثه على ضرب الفساد بيدٍ من حديدٍ: "المتوقع من السيد رئيس مجلس الوزراء الذي هو المسؤول التنفيذي الأول في البلد وقد ابدى اهتمامه بمطالب الشعب وحرصه على تنفيذها المطلوب ان يكون اكثر جرأة وشجاعة في خطواته الاصلاحية ولا يكتفي ببعض الخطوات الثانوية التي اعلن عنها مؤخرا بل يسعى الى أن تتخذ الحكومة قرارات مهمة وإجراءات صارمة في مجال مكافحة الفساد وتحقيق العدالة الاجتماعية فيضرب بيد من حديد لمن يعبث بأموال الشعب."

ومضى السيد السيستاني مناشداً العبادي أن "يتجاوز المحاصصات الحزبية والطائفية ونحوها في سبيل اصلاح مؤسسات الدولة فيسعى في

تعيين الشخص المناسب في المكان المناسب وان لم يكن منتميا الى اي من احزاب السلطة وبغض النظر عن انتمائه الطائفي او الاثني ولا يتردد من ازاحة من لا يكون في المكان المناسب ان كان مدعوما من بعض القوى السياسية." واختتم السيد السيستاني كلامه بالقول للعبادي أن عليه ألا يخشى تلك القوى السياسية، بل أن يعتمد على الله "وعلى الشعب الكريم الذي يريد منه ذلك وسيدعمه ويسانده في تحقيق ذلك."

خيبة الأمل

كانت لهجة وطريقة وتعليمات خطبة السيد السيستاني في 7 آب / أغسطس 2015 في غاية الأهمية، إذ وضع فيها المرجعَ فوق الدولة بصفته مرشداً، لكن بطريقةٍ أقوى بكثيرٍ من المتوقع قياساً بأنشطته السابقة؛ غير أن تلك الخطبة مثلت، كما تبين لاحقاً، ذروة تعامل السيد السيستاني العلني مع الدولة، تعاملٍ جاء في لحظةٍ شعر فيها أن الإصلاح الحقيقي ممكنٌ، وأن بإمكان كلماته أن تحمل الدفع اللازم نحو الإصلاح، غير أن أمله ذاك خاب فيما بعد.

وفي غضون يومين من دعوة السيد السيستاني تلك أعلنتِ الحكومة عن حزمة إجراءاتٍ تقشفيةٍ استهدفت النخبة السياسية.[230] رحب الناس بالقرارات واستمر الزخم من أجل الإصلاح، فشعرتِ الأحزاب في البرلمان بالضغط لإجراء الإصلاحات وصوتت بالموافقة على إجراءات العبادي وتفويضه بتنفيذها، وأعلن العبادي عن مزيدٍ من الإجراءات الإصلاحية في الأسابيع التالية.

غير أن تلك الإصلاحات لم تُنفذ إلا على نطاقٍ محدودٍ، وراحتِ الأحزاب تقاوم تنفيذها بالتزامن مع بيان السيد السيستاني إن تلك الإجراءات لا تمثل الإصلاحات العميقة المطلوبة رغم تشبثه بالأمل في أن تمثل تلك الإجراءات مقدّمةً للتغيير،[231] لكن أية إصلاحاتٍ حقيقيةٍ لم تتحقق، وبخفوت جذوة الاحتجاجات وتضاؤل الضغوط ألغى البرلمان التفويض الممنوح للعبادي، وفي نهاية المطاف لم ير النور كثيرٌ من الإصلاحات التي

أُعلن عنها.[232]

أصاب ذلك الأمر السيد السيستاني بخيبةٍ شديدةٍ إذ أحسّ أن كلامه ذهب أدراج الرياح، وأن العراق يتجه نحو الكارثة،[233] فراح يحدّ من تعامله المباشر مع السياسيين مرةً أخرى. وعندما زار العبادي النجفَ في 5 تشرين الثاني / نوفمبر 2015 تمكن من لقاء كبار المراجع الثلاثة الآخرين، أما السيد السيستاني فلم يقبل لقاءه.

وفي خطبةٍ ألقيت في 8 كانون الثاني / يناير 2016 أعلن السيد السيستاني عن خيبة أمله على الملأ: "في العام الماضي وعلى مدى عدّة أشهر طالبنا في خطب الجمعة السلطات الثلاث وجميع الجهات المسؤولة بأن يتّخذوا خطواتٍ جادّة في مسيرة الإصلاح الحقيقيّ وتحقيق العدالة الاجتماعية ومكافحة الفساد وملاحقة كبار الفاسدين والمفسدين، ولكن انقضى العام ولم يتحقّق شيءٌ واضح على أرض الواقع، وهذا أمرٌ يدعو للأسف الشديد."[234]

ثم جاءت خطبة 22 كانون الثاني / يناير 2016 التي ألقى السيد السيستاني فيها كلماتٍ تشي بما ألمّ به من إعياءٍ وإحباطٍ شديدين: "بُحّت أصواتنا بلا جدوى من تكرار دعوة الأطراف المعنيّة من مختلف المكوّنات إلى رعاية السلم الأهلي والتعايش السلمي بين أبناء هذا الوطن، وحصر السلاح بيد الدولة ودعوة المسؤولين والقوى السياسية التي بيدها زمام الأمور الى أن يعوا حجم المسؤولية الملقاة على عواتقهم وينبذوا الخلافات السياسية التي ليس وراءها إلّا المصالح الشخصية والفئوية والمناطقية."[235]

وبحلول شباط / فبراير 2016 أيقن السيد السيستاني أن السياسيين لا يصغون له وأن الإصلاحات لن تحدث، فنأى بنفسه مجدداً عن النخبة السياسية ورفض الاجتماع بهم، بل وقرر الامتناع عن التعليق الأسبوعي على الأحداث الجارية في أغلب خطب الجمعة،[236] وبذا عاد إلى موقفه الذي اتخذه بين عامَي 2011-2014، حين اتخذ من الحكومة موقف المعارضة السياسية، غير أنها كانت معارضةً في هيئة فك الارتباط أو

المقاطعة الحقيقية.

وبعد أسابيع من كفّ السيد السيستاني عن التركيز العلني على السياسة، اندلعتِ الاحتجاجات من جديدٍ، وحظيت هذه المرة بدعم التيار الصدري ومشاركة السيد مقتدى الصدر شخصياً فيها نهايةَ المطاف.[237] وبرغم تصاعد الاحتجاجات واجتياح المتظاهرين المنطقة الخضراء، لم يبدر من السيد السيستاني أي تعليقٍ ولم يشأ التدخل. وفي 4 أيار / مايو 2016، وبعد أنِ اقتحم المتظاهرون البرلمان، لم يُصدر مكتب السيد السيستاني سوى بيانٍ مقتضبٍ صرح فيه أنه يراقب الوضع عن كثبٍ، ودعا مكتبُه الأطراف كافةً إلى "التفكير مليّاً في مستقبل الشعب، واتخاذ خطوات جادة وملموسة للخروج من الوضع الراهن إلى مستقبل أفضل."[238] وفي 30 أيار / مايو 2016 التقى رئيس بعثة الأمم المتحدة في العراق، يان كوبيتش، بالسيد السيستاني، وأفاد بعد الاجتماع أن "المرجعية تتابع ما يجري بعنايةٍ بالغةٍ، وأنها ستتدخل عند الضرورة."[239] أما العبادي فقد زار النجف في 22 حزيران / يونيو 2016 لكنه لم يتمكن من لقاء السيد السيستاني، الأمر الذي أكد على جهود السيد السيستاني للنأي بنفسه عن النخبة السياسية.[240] كان العبادي يعلم أن لدى السيد السيستاني الكثير ليقدمه بشأن الوضع السياسي، لكن الأخير لم يدل بأي تعليقٍ علنيٍّ، وهو ما يوضح حساسية السيد السيستاني للسياق السائد حينها والظروف التي تستند عليها تدخلاته، وما إذا كان تدخله سيكون موفقاً أم لا.

الإرشاد عن بعدٍ

على مدى العامين التاليين لم يستقبلِ السيد السيستاني أياً من السياسيين العراقيين، ونادراً ما علّق على المسائل السياسية، وكان هدفه من وراء ذلك، منذ مطلع عام 2016 وحتى منتصف عام 2018، إظهار استيائه من النخبة السياسية وغياب الإصلاحات؛ غير أنه لم يتجاهل شؤونَ الدولة كلياً؛ بل واصل في خطبه الحثَّ على حماية المواطنين ضمن عمليات التحرير واحترام حقوق الإنسان عندما انطلقت عمليات تحرير الموصل من داعش في تشرين الأول / أكتوبر 2016.[241] انتقد

السيد السيستاني تنظيمَ حكومة إقليم كردستان استفتاءٍ على استقلال الإقليم في أيلول / سبتمبر 2017.[242] وعندما استعادت القوات الاتحادية السيطرة على كركوك من داعش في تشرين الأول / أكتوبر 2017، ما أدى إلى تصاعد التوترات بين حكومة إقليم كردستان والحكومة الاتحادية، حذّر السيد السيستاني من النظرة الانقسامية أو الطائفية للأحداث.[243] وفي خطبةٍ أخرى بتاريخ 15 كانون الأول / ديسمبر 2017، أي بعد إعلان انتهاء الحرب ضد داعش، قال السيد السيستاني: "إن المعركة ضد الفساد. التي تأخرت طويلاً. لا تقلّ ضراوة عن معركة الإرهاب إن لم تكن أشد وأقسى."[244]

شهدت الفترة التي سبقت الانتخابات البرلمانية في أيار / مايو 2018 تفاقم الانقسام داخل الأحزاب والائتلافات السياسية وفيما بينها، كما لم تتحسنِ الظروف الاقتصادية تحسناً ملحوظاً، فزادت خيبة الأمل بين الشباب من النخبة السياسية ونظام ما بعد عام 2003. ولما أحس السيد السيستاني بعدم اكتراثهم، أصدر بياناً طويلاً تُلي في خطبة الجمعة موضحاً فيه رأيه بشأن الوضع السياسي، وذلك في 4 أيار / مايو 2018، أي قبل الانتخابات الوطنية بما يزيد عن الأسبوع بقليلٍ.[245]

أولاً، أوضح السيد السيستاني سبب اعتباره الديمقراطية البرلمانية الخيارَ الأنسب للنظام السياسي العراقي فقال: "لقد سعت المرجعية الدينية منذ سقوط النظام الاستبدادي السابق في ان يحلّ مكانه نظامٌ يعتمد التعددية السياسية والتداول السلمي للسلطة عبر الرجوع الى صناديق الاقتراع، في انتخابات دورية حرّة ونزيهة، وذلك ايماناً منها بانه لا بديل عن سلوك هذا المسار في حكم البلد ... لا تزال المرجعية الدينية عند رأيها من أن سلوك هذا المسار يُشكّل - من حيث المبدأ - الخيار الصحيح والمناسب لحاضر البلد ومستقبله."

ثم وصف السيد السيستاني الشروط التي يجب توفرها لإجراء الانتخابات بالشكل الأمثل: "أن يكون القانون الانتخابي عادلاً يرعى حرمة أصوات الناخبين ولا يسمح بالالتفاف عليها. ومنها: أن تتنافس القوائم الانتخابية على برامج اقتصاديةٍ وتعليميةٍ وخدميةٍ قابلةٍ للتنفيذ بعيداً عن الشخصنة والشحن القومي أو الطائفي والمزايدات الإعلامية" كما حذر من "التدخل

الخارجي في أمر الانتخابات سواءً بالدعم المالي أو غيره." وأضاف أن على الناخبين أن يعوا "قيمة أصواتهم ودورها المهم في رسم مستقبل البلد فلا يمنحونها لأناسٍ غير مؤهلين إزاء ثمنٍ بخسٍ ولا اتّباعاً للأهواء والعواطف أو رعايةً للمصالح الشخصية أو النزعات القَبلية أو نحوها."

ثم تناول السيد السيستاني سبب انتشار اللامبالاة بين الناخبين فقال:

"ومن المؤكد أن الاخفاقات التي رافقت التجارب الانتخابية الماضية، من سوء استغلال السلطة من قبل كثيرٍ ممن انتخبوا أو تسنّموا المناصب العليا في الحكومة، ومساهمتهم في نشر الفساد وتضييع المال العام بصورةٍ غير مسبوقةٍ، وتمييز أنفسهم برواتب ومخصصاتٍ كبيرةٍ، وفشلهم في أداء واجباتهم في خدمة الشعب وتوفير الحياة الكريمة لأبنائه، لم تكن إلا نتيجةً طبيعيةً لعدم تطبيق العديد من الشروط اللازمة - ولو بدرجاتٍ متفاوتةٍ - عند إجراء تلك الانتخابات."

ومضى السيد السيستاني في حديثه عن مسؤولية التصويت رغم أنه لم يصفه بأنه واجب، فقال:

"إن المشاركة في هذه الانتخابات حقٌّ لكل مواطن تتوفر فيه الشروط القانونية، وليس هناك ما يُلزمه بممارسة هذا الحق إلا ما يقتنع هو به من مقتضيات المصلحة العليا لشعبه وبلده، نعم ينبغي أن يلتفت إلى أنّ تخليه عن ممارسة حقه الانتخابي يمنح فرصةً إضافيةً للآخرين في فوز منتخبيهم بالمقاعد البرلمانية ... لكن في النهاية يبقى قرار المشاركة أو عدمها متروكاً له وحده."

شهدت الانتخابات إقبالاً ضعيفاً رغم تحذيرات السيد السيستاني بشأن تداعيات لا مبالاة الناخبين، وتلت ذلك عمليةٌ متوقعةٌ دامت عدة أشهرٍ لتشكيل حكومةٍ ائتلافيةٍ جديدةٍ. ورغم توضيح السيد السيستاني أنه لا يؤيد أي حزبٍ أو مرشحٍ، ذهبت التوقعات الشعبية إلى أن السيد السيستاني سيحسم المواجهة حول المرشح الذي سيصبح رئيساً للوزراء.

لكن السيد السيستاني لم يختر فائزاً بعينه، بلِ امتنع عن إعلان التأييد

ووجّه انتقاداتٍ مبطنةً. كان أداء كتلة العبادي، تحالف النصر، ضعيفاً في الانتخابات، وكانت حظوظه في الاستمرار رئيساً للوزراء ضئيلةً، لكن حين انتقد وكيل السيد السيستاني الحكومة في خطبة صلاة الجمعة في 27 تموز / يوليو 2018، تضاءلت حظوظ العبادي، وانتهت فترة ولايته.[246] غير أن مكتب السيد السيستاني استبعد أيضاً سياسيين كباراً آخرين في بيانٍ صدر عنه في 9 أيلول / سبتمبر 2018: "المرجعية ... لا تؤيد رئيس الوزراء القادم إذا اختير من السياسيين الذين كانوا في السلطة في السنوات الماضية."[247]

الحث على الإصلاح

عموماً لا يؤيد السيد السيستاني ولا يرشح أي سياسيين لكبرى المناصب، غير أنه يحاول في بعض الأحيان تشجيع التوافق عند الوصول إلى طريقٍ مسدودٍ، وخاصةً عندما يتعلق الأمر بمسألة رئاسة الوزراء، إذ تتنافس الأحزاب الشيعية تنافساً محموماً للحصول على ذلك المنصب، لكنها في الغالب تتوصل إلى حلٍّ وسطٍ.

ووفقاً لممثل السيد السيستاني في لبنان، فإن المرجعية "تتدخل متى ما استشعرت الخطر محدقاً بالعراق ومصالح شعبه، ووجدت أن تدخلها يكون مجدياً في حل الازمات المستعصية أو التخفيف منها، ولتدخّل المرجعية - التي هي حريصةٌ على ألا تتجاوز فيه الأطر القانونية - صيغٌ مختلفةٌ معلنةٌ وغير معلنةٍ، باختلاف الظروف والحيثيات."[248]

وعلى مدار الأسابيع التي تلت إعلان النتائج الرسمية للانتخابات في آب / أغسطس 2018 – أي بعد شهرين تقريباً من يوم الانتخابات - فشلتِ الأحزاب العراقية في تشكيل حكومةٍ واختيار رئيسٍ للوزراء، ومن بين الخيارات الممكنة حينئذٍ فضّل السيد السيستاني عادل عبد المهدي الذي بقي معه على علاقةٍ طيبةٍ، وأبلغ السيد مقتدى الصدر الذي حصل حزبه على المقاعد الحاسمة المطلوبة استعداده دعم ترشيح عبد المهدي،[249] ولذا جرى ترشيح عبد المهدي رئيساً للوزراء في 2 تشرين الأول / أكتوبر

2018، وأعرب السيد السيستاني مرةً أخرى عن أمله في أن تُحقق الحكومة الجديدة أخيراً نتائجَ إيجابيةً فيما يخص الإصلاحات التي يسعى لها منذ فترةٍ طويلةٍ.

وحينئذٍ واصل السيد السيستاني رفض الاجتماع بالمسؤولين العراقيين وأبقى تعليقاته السياسية محدودةً، غير أنه ظلّ يستقبل المسؤولين الأجانب، واستخدم أحياناً اجتماعاته تلك لإيصال رسائل إلى القادة المحليين.[250] وفي اجتماعٍ عُقد في تشرين الثاني / نوفمبر 2018 مع كوبيتش الذي كان حينها الرئيسَ المنتهية ولايته لبعثة الأمم المتحدة، قال السيد السيستاني إنه "ينتظر ليرى ملامح النجاح في عمل [الحكومة]."[251] وفي 6 شباط / فبراير 2019 استقبل السيد السيستاني الرئيسة الجديدة لبعثة الأمم المتحدة في العراق، جينين هينيس بلاسخارت، واستغل المناسبة لحث الحكومة على إظهار تقدمٍ سريعٍ، وقال: "إذا لم تغير الكتل السياسية من منهجها في التعاطي مع قضايا البلد فإنه لن تكون هناك فرصةٌ حقيقيةٌ لحلّ الأزمات الراهنة."[252]

غير أن النخبة السياسية جددت عرقلتها لأي تحسنٍ حقيقيٍّ في الوضع العام بمنعها إجراءَ إصلاحاتٍ مهمةٍ، وزيادتها الإنفاق العام دون خطةٍ اقتصاديةٍ واضحةٍ، وفشلها في مكافحة الفساد، فأعرب السيد السيستاني عن استيائه في خطبة الجمعة بتاريخ 14 حزيران / يونيو 2019، بقوله:

> "دبّ الخلاف من جديدٍ - معلناً تارةً وخفياً تارةً أخرى - في صفوف الأطراف التي تمسك بزمام الامور، وتفاقَمَ الصراع بين قوىً تريد الحفاظ على مواقعها السابقة وقوىً أخرى برزت خلال الحرب مع داعش تسعى لتكريس حضورها والحصول على مكتسباتٍ معينةٍ، ولا يزال التكالب على المناصب والمواقع ... ولا يزال الفساد المستشري في مؤسسات الدولة لم يقابل بخطواتٍ عمليةٍ واضحةٍ للحد منه ومحاسبة المتورطين به."[253]

توقع السيد السيستاني، كما فعل عامَ 2015، أن تتعاظم الدعوات الشعبية المطالبة بالإصلاح: "إن الذين يمانعون من الإصلاح، ويراهنون على

أن تخف المطالبات به، عليهم ان يعلموا ان الاصلاح ضرورة لا محيص منها، وإذا خفت مظاهر المطالبة به مدة فإنها تعود في وقت اخر باقوى وأوسع من ذلك بكثير ولات حين مندم"[254]

حركة تشرين

ثم ما لبثت حكومة عبد المهدي أن سببت خيبة أملٍ أخرى، إذ كان السيد السيستاني ينتظر من عبد المهدي عجلةً أكبر وأداءً أفضل بصفته رئيساً للوزراء، لكنه فوجئ بأنه لم يكن بمستوى المهمة، وعندما اندلعتِ الاحتجاجات في 1 تشرين الأول / أكتوبر 2019 - فيما بات يُعرف بحركة تشرين - وقابلتها قوات الأمن بالعنف رد السيد السيستاني في تشرين الأول / أكتوبر 2019 ببيانٍ في خطبة الجمعة انتقد فيه الحكومة والنخبة السياسية، وحذرهم أن عليهم "تدارك الأمور قبل فوات الأوان."[255] وعلى مدى الأشهر الأربعة التالية، عاد السيد السيستاني إلى استخدام خطبة الجمعة الأسبوعية منبراً للتعليق على الشؤون السياسية فيما تصاعدت ردود الفعل على الاحتجاجات وتحولت إلى أزمةٍ، وخرجت أعدادٌ أكبر من المتظاهرين إلى الشوارع. حمّل السيد السيستاني الحكومة مسؤولية العنف الدامي، وقال في خطبته[256] يوم 11 تشرين الأول / أكتوبر: "إن الحكومة وأجهزتها الأمنية مسؤولة عن الدماء الغزيرة التي أريقت في مظاهرات الأيام الماضية." وأكمل كلامه بالضغط من أجل حماية المظاهرات، وإنصات النخبة السياسية لمطالب المتظاهرين، لكن كلماته لم تلقِ آذاناً صاغيةً.[257]

خاب كل أملٍ لدى السيد السيستاني في الطبقة السياسية برمّتها جرّاء العنف الذي مارسته القوى السياسية المهيمنة ضد حركة تشرين، وغياب أية إصلاحاتٍ في الأفق، فأيقن أن الدولة بشكلها الحالي لن تحسّن أسلوبها في الحكم، وأن الأحزاب لن تغير سلوكها؛ فكانت تلك الإخفاقات بمثابة ضربةٍ مؤلمةٍ لتطلعاته للعراق، كما أحس بالخذلان من السياسيين والقادة الذين كان يتوقع منهم ما هو أفضل بكثيرٍ بعدما أغدق عليهم بالدعم.[258]

وفي اجتماعٍ في 11 تشرين الثاني / نوفمبر 2019 مع هينيس بلاسخارت، أشار السيد السيستاني إلى "تحذيره المتكرر منذ عدة سنواتٍ من مخاطر تفاقم الفساد المالي والإداري وسوء الخدمات العامة وغياب العدالة الاجتماعية، إلا أنه لم يجد آذاناً صاغيةً لدى المسؤولين لمعالجة ذلك."[259] وأردف: "ليس لدى الجهات المعنية جديةٌ كافيةٌ في تنفيذ أي اصلاحٍ حقيقيٍّ." وللتعبير عن استيائه البالغ، اقترح السيد السيستاني النظرَ في خياراتٍ أخرى للتعامل مع الدولة، فقال: "إن السلطات الثلاث التنفيذية والتشريعية والقضائية إذا لم تكن قادرةً على إجراء الإصلاحات اللازمة أو لم تكن تريد ذلك فلا بد من التفكير بسلوك طريقٍ آخر في هذا المجال، فإنه لا يمكن أن يستمر الحال على ما كان عليه قبل الاحتجاجات الأخيرة."

كان المسار البديل الذي ألمح إليه السيد السيستاني يتمثل بتغيير النظام السياسي في العراق تغييراً شاملاً وتحويله إلى هيكلٍ أو شكلٍ جديدٍ من الحكم يختلف عن نظام ما بعد عام 2005 رغم أنه لم يصف بالتفصيل شكل ذلك النظام الجديد، أو كيفية تحقيق ذلك الهدف. وحتى يومنا هذا لا يزال السيد السيستاني يحذر من أن احتجاجاتِ تشرين كانت لحظةً فاصلةً، وأنْ ليس للنخبة السياسية أن تستمر وكأن شيئاً لم يكن.

الديمقراطية الإسلامية

في خطبة الجمعة بتاريخ 15 تشرين الثاني / نوفمبر 2019 أفصح السيد السيستاني عن رأيه في سلطة الحكومة على ضوء ما يمكن تسميته بالديمقراطية الإسلامية، فقال: "إنّ الحكومة إنما تستمد شرعيتها - في غير النظم الاستبدادية وما ماثلها - من الشعب، وليس هناك من يمنحها الشرعية غيره، وتتمثل إرادة الشعب في نتيجة الاقتراع السري العام إذا أُجري بصورةٍ عادلةٍ ونزيهةٍ."[260] ولعل هذا الرأي كان أوضح آراء مرجع شيعي حول الديمقراطية، وهو في صميم رؤية السيد السيستاني عن سيادة الشعب.

واصلت قوات الأمن الحكومية قمع الاحتجاجات، وبعد يومٍ دامٍ في الناصرية في 28 تشرين الثاني / نوفمبر 2019 أجبر السيد السيستاني عبد المهدي على الاستقالة من خلال حث البرلمان على إعادة النظر في دعم حكومته.[261] كان تدخله ذاك، والذي أتى خلال خطبة الجمعة، مصحوباً بتأملٍ في حدود المرجعية ودورها السياسي؛ وأضاف: "إنّ المرجعية الدينية ستبقى سنداً للشعب العراقي الكريم، وليس لها إلا النصح والارشاد إلى ما ترى أنه في مصلحة الشعب، ويبقى للشعب أن يختار ما يرتئي أنه الأصلح لحاضره ومستقبله بلا وصايةٍ لأحدٍ عليه" وفي اليوم التالي أعلن عبد المهدي استقالته.

استمرت حالة غياب الاستقرار في الأسابيع التالية، ورغم مواظبة السيد السيستاني على نصائحه وتحذيراته، ظلّ تأثيرها في الأحداث محدوداً. وفي عدة بياناتٍ حذر السيد السيستاني من التدخلات الخارجية في الشؤون السياسية والأمنية، وشدد على ضرورة الحفاظ على سيادة العراق، لكن الوضع بات خطيراً قبيل وبعد اغتيال قاسم سليماني وأبي مهدي المهندس في 3 كانون الثاني / يناير 2020.[262] ندد السيد السيستاني بعملية الاغتيال بشدةٍ، وأرسل رسالة عزاءٍ إلى السيد علي الخامنئي، المرشد الأعلى في إيران.[263]

وبعد أربعة شهورٍ من الاحتجاجات والقمع والمحاولات العنيفة لإنهاء المظاهرات دون تشكيل حكومةٍ جديدةٍ حتى حينه، تدخل السيد السيستاني في 31 كانون الثاني / يناير 2020 بالدعوة إلى إجراء انتخاباتٍ مبكرةٍ. وكان حينئذٍ يتعافى من عمليةٍ جراحيةٍ لكسرٍ في عظم فخذه إثرَ سقوطه في المنزل، غير أنه كان شديد اللهجة في خطبة جمعة ذلك اليوم[264] حين قال: "يتحتم الاسراع في إجراء الانتخابات المبكرة ليقول الشعب كلمته ويكون مجلس النواب القادم المنبثق عن إرادته الحرة هو المعنيّ باتخاذ الخطوات الضرورية للإصلاح وإصدار القرارات المصيرية التي تحدد مستقبل البلد."[265] وفي خطبة الجمعة التالية، في 7 شباط / فبراير، جدد دعوته إلى إجراء انتخاباتٍ مبكرةٍ "في أجواءٍ مطمئنةٍ بعيدةٍ عن التأثيرات الجانبية للمال أو السلاح غير القانوني أو للتدخلات الخارجية."[266]

كانت خطبة جمعة 7 شباط / فبراير 2020 آخرَ خطبةٍ تضمنت بياناً سياسياً للسيد السيستاني، وكانت بمثابة بدايةٍ لتراجع تدخل السيد السيستاني في السياسة تراجعاً لا يزال مستمراً حتى يومنا هذا. راح السيد السيستاني يشعر أنْ كلماته لم تحمل الكثير من الأثر، وأن الوقت قد حان لكي تتحمل النخبة السياسية المسؤولية الكاملة عن أفعالها دون أي نصحٍ إضافيٍّ منه،[267] فكان موقفه الجديد هذا يشبه في بعض جوانبه موقفَ المعارضة من خلال فك الارتباط الذي تبنّاه ما بين 2011-2014.

شبه التقاعد السياسي

عُلقت صلاة الجمعة في مرقد الإمام الحسين في كربلاء بسبب فيروس كورونا في 28 شباط / فبراير 2020، ولم تُستأنف،[268] ومنذ بداية الجائحة لم يتواصل السيد السيستاني مع الناس إلا من خلال تصريحاتٍ نادرةٍ نشرها في موقعه الرسمي على الإنترنت، وقد كان شهر آذار / مارس 2020 في الواقع بمثابة بداية شبه تقاعدٍ سياسيٍّ للسيد السيستاني، إذ لم يُصدر فيما تبقى من عام 2020 سوى توجيهاتٍ وأحكامٍ تتعلق بكيفية التعامل مع جائحة كورونا.[269] أدت خيبة أمل السيد السيستاني من أداء عادل عبد المهدي إلى عزوفه عن التدخل في عملية اختيار خلفٍ له، ونأى بنفسه عن حكومة مصطفى الكاظمي (رئيس الوزراء من أيار / مايو 2020 حتى تشرين الأول / أكتوبر 2022).

وفيما بعد في نيسان / أبريل 2022 أوضح ممثل السيد السيستاني سبب كفّه عن إصدار خطب الجمعة بقوله: "إن بعض الكيانات السياسية لم تكن تستجيب لكثيرٍ مما نوّهتْ إليه المرجعية الدينية، وإن المرجعية العليا لا ترضى بمجرد الوعظ، بل تريد أن يكون للخطبة أثرُها، فكان رد بعض [الأحزاب السياسية] ضعيفاً جداً رغم تكرار مضمون الخطبة أكثر من مرةٍ."[270]

ورغم مضي ما يقرب من عامٍ على احتجاجات تشرين الأول / أكتوبر 2019، لم يُحدَّد موعدٌ لإجراء الانتخابات المبكرة التي طالب بها المتظاهرون؛ ولما

التقى السيد السيستاني مع هينيس بلاسخارت مرةً أخرى في 13 أيلول / سبتمبر 2020 دعا إلى وضع حدٍّ للتأجيل في إجراء الانتخابات.[271]

كما أدلى السيد السيستاني بعدة تعليقاتٍ بارزةٍ أخرى في ذلك الاجتماع، فأصرّ أولاً على إجراء الانتخابات "وفق قانونٍ عادلٍ ومنصفٍ بعيداً عن المصالح الخاصة لبعض الكتل والأطراف السياسية." فقد أجبرت ضغوطات المتظاهرين البرلمانَ على اعتماد التصويت على مستوى الدائرة الانتخابية المحلية في قانون الانتخابات للمرة الأولى، خلافاً لما تفضله معظمُ الأحزاب.

وثانياً دعا السيد السيستاني إلى "الإشراف والرقابة عليها (أي الانتخابات) بصورةٍ جادةٍ بالتنسيق مع الدائرة المختصة بذلك في بعثة الأمم المتحدة." فأنذرت هذه الدعوةُ بالطعن في نتائج الانتخابات في تشرين الأول / أكتوبر 2021 من قبل الإطار التنسيقي الشيعي، وهو كتلة سياسية كبيرة في مجلس النواب.

وثالثاً أكد السيد السيستاني على أهمية الديمقراطية البرلمانية، غير أنه أوضح أن الهدفَ لم يكن الانتخابات بحد ذاتها، بل النتائج التي ينبغي أن ترشحَ عنها إذا ما أجريت كما ينبغي، وقال: "إن الانتخابات المبكرة ليست هدفاً بحد ذاتها، وإنما هي المسار السلمي الصحيح للخروج من المأزق الراهن الذي يعاني منه البلد." وقد أكدت هذه التصريحات قناعته بأن السيادة للشعب، وأن الديمقراطية البرلمانية هي أفضل أشكال الحكم في العراق.

ورابعاً، منح السيد السيستاني الحكومةَ الجديدة بعض الدعم وحثها على المضي قُدماً في فرض سيادة القانون وقال: "إن الحكومة الراهنة مدعوةٌ إلى الاستمرار والمضي بحزمٍ وقوةٍ في الخطوات التي اتخذتها في سبيل تطبيق العدالة الاجتماعية، والسيطرة على المنافذ الحدودية، وتحسين أداء القوات الأمنية بحيث تتسم بدرجة عالية من الانضباط والمهنية، وفرض هيبة الدولة وسحب السلاح غير المرخص فيه، وعدم السماح بتقسيم مناطق من البلد إلى مقاطعاتٍ تتحكم بها مجاميعُ معينةٌ بقوة

السلاح تحت عناوينَ مختلفةٍ بعيداً عن تطبيق القوانين النافذة." (كان الجزء الأخير من هذا البيان بمثابة إشارةٍ مبطنةٍ إلى مجموعاتٍ في قوات الحشد الشعبي).

بناء قبولٍ أوسعَ

إن إحدى أهم اللحظات في تاريخ المرجعية الممتد قروناً كانت في 6 آذار / مارس 2021 حين زار البابا فرانسيس السيد السيستاني،[272] وقد كانت تلك أول مرةٍ يزور فيها أحدُ البابوات العراقَ، وقد أكد اجتماعه بالسيد السيستاني مكانتهُ بوصفه المرجعية الدينية البارزة في المذهب الشيعي، فضلاً عن تأثيره الفريد في العراق. كما أكدت الزيارة دور السيد السيستاني بوصفه زعيماً دينياً وقوةً لتحسين العلاقات المجتمعية أكثر من دوره كمحكمٍ سياسيٍّ. كان اللقاء الودي الذي تصافح فيه الزعيمان بمثابة إظهارٍ لتضامن السيد السيستاني مع مسيحيي العراق وتأكيد احترامه للأديان الأخرى والتعددية عموماً،[273] كما شكر البابا السيد السيستاني "على دفاعه عن المستضعفين والمظلومين وسط أعمال العنف والشدائد الكبيرة."[274] كما عزز الاجتماع من مكانة السيد السيستاني الدولية كرجل سلامٍ. أظهر البابا فرانسيس بزيارته للنجف أنه رأى في السيد السيستاني "مُحاوِراً مثالياً وورعاً ذا مصداقيةٍ وقوةٍ"[275] وفقاً لما جاء في مقالٍ نشرته صحيفة نيويورك تايمز عن الاجتماع. كما أغدق البابا على السيد السيستاني المديح حين قال: "لقد شعرتُ أن من واجبي ... أن أذهب للقاء رجلٍ عظيمٍ وحكيمٍ ورجلٍ من رجال الله؛ فبمجرد انصاتك إليه ستدرك أنه رجلٌ تلك صفاتُه ... وأنه شخصٌ يتمتع بالحكمة والحصافة أيضاً ... وكان محترماً جداً خلال الاجتماع، وقد تشرفتُ به ... ذلك الرجل المتواضع والحكيم، وقد أسعد ذاك اللقاء روحي؛ فهو مشعل نورٍ."[276] وقد حافظ الاثنان على علاقةٍ طيبةٍ منذ لقائهما المذكور فراحا يتبادلان رسائلَ تطرقا فيها إلى مسائل الإيمان والسلام والحقوق.[277]

قبل الانتخابات المقرر إجراؤها في تشرين الأول / أكتوبر 2021 توقع كثيرٌ من العراقيين إقبالاً ضعيفاً من الناخبين، غير أن السيد السيستاني جدد

حثه "الجميع على المشاركة الواعية والمسؤولة في الانتخابات القادمة، وإن كانت لا تخلو من بعض النواقص." ومثلما فعل في السابق، دعا السيد السيستاني الناخبين إلى "أخذ العِبَر والدروس من التجارب الماضية وأن يعوا قيمة أصواتهم ودورها المهم في رسم مستقبل البلد."[278]

أثارت نتائج الانتخابات خلافاتٍ شديدةً، ومرةً أخرى شهدت البلاد فترةً طويلةً من الانقسامات المريرة والمفاوضات الساخنة حول تشكيل الحكومة. أصرّ السيد السيستاني على عدم التدخل هذه المرة رغم تعقد الوضع،[279] واستند في موقفه ذاك إلى خبرته وإيمانه بأن جميع الأطراف في الساحة السياسية مسؤولون عن علل البلاد، وأن أياً منهم لم يكن على استعدادٍ للإصغاء إليه.

وحتى عندما تصاعدتِ احتجاجات الصدريين ووصلت إلى احتلال البرلمان، وتحولت لاحقاً إلى اشتباكاتٍ عنيفةٍ مع معارضيهم من الإطار التنسيقي الشيعي في المنطقة الخضراء في آب / أغسطس 2022، رفض السيد السيستاني التدخل علناً[280]. (رغم ظن البعض أن السيد السيستاني أبلغ السيد الصدر بضرورة منع المزيد من العنف بعد أحداث 29 آب / أغسطس 2022 التي قُتل فيها ما لا يقل عن ثلاثين شخصاً، لكن من غير المرجح أن السيد السيستاني فعل ذلك على نحوٍ مباشرٍ[281].) إن عزوف السيد السيستاني عن التدخل حتى في اللحظات الحرجة قد يشير إلى تطورٍ في استراتيجيته يهدف إلى دفع النخبة السياسية إلى الإصلاح بإظهاره لهم أنه لن يعمل بعد الآن على منع التصعيد، بل سيترك للسياسيين (والشعب) التعامل مع خياراتهم مهما كانت العواقب وخيمةً.

وقد أثبتت عملية تشكيل الحكومة التي استمرت عاماً مريراً صحةَ موقف السيد السيستاني، فرغم الدعوات المتكررة من مختلف الأطراف له للتوسط من أجل التوصل إلى توافقٍ، تبين أن الخلافاتِ كانت مريرةً بحيث لم يكن لتدخله أن يساعد أو يثبت فعاليته، ولذا كان نأيُه التام عنها خيراً له. لقد عكس التزامه بهذا النهج رغبته في حماية إرثه ورأسماله السياسي، فضلاً عن إقراره بأن المرجع لا يستطيع التدخل باستمرارٍ في المواقف السياسية الفوضوية، وأن السياسة والحكومة هما في المقام الأول ميدانُ

الساسة ومسؤوليتهم؛ وهي وجهة نظر قد طرحها السيد السيستاني من قبل، وراح بعد عشرين عاماً من ولادة العراق الجديد يرى وجوب محاسبة ساسته، وأن لزوم التوجيه والتدخل من قبل المرجعية باتت أدنى بكثيرٍ مما سبق، لاسيما حين تلاقي توجيهاته وتدخلاته آذاناً صماءَ.[282]

غير أن السيد السيستاني ظل يتواصل مع المسؤولين الأجانب، ما يعكس دورَ المرجع العابرَ لحدود وطنه، وواجبَه في رعاية المجتمعات الشيعية في جميع أنحاء العالم، فضلاً عن تعامله مع مسائل تتجاوز المواجهات السياسية في العراق، ومن أمثلة ذلك لقاءُ السيد السيستاني بالممثل الأعلى لتحالف الحضارات التابع للأمم المتحدة، ميغيل موراتينوس، في 7 كانون الأول / ديسمبر 2022، لمناقشة الحوار بين الأديان وحماية المواقع الدينية،[283] ومن الأمثلة الأخرى هو اجتماع السيد السيستاني في 19 كانون الأول / ديسمبر 2022 مع كريستيان ريتشر، المستشار الخاص للأمم المتحدة ورئيس فريق التحقيق التابع للأمم المتحدة لتعزيز المساءلة عن الجرائم المرتكبة من قبل داعش.[284]

كما أصدر السيد السيستاني بياناً في 7 شباط / فبراير 2023 بشأن الزلزال الذي ضرب تركيا وسوريا، ما يُظهر استمرار الاهتمامات الوطنية والإنسانية للمرجعية العابرة للحدود.[285] وفي 29 حزيران / يونيو 2023، وردّاً على احتجاجٍ تخلله حرقٌ للقرآن الكريم في السويد، أرسل مكتب السيد السيستاني رسالةً إلى الأمين العام للأمم المتحدة، أنطونيو غوتيريش، يحث فيها الأمم المتحدة على اتخاذ "خطواتٍ فاعلةٍ بمنع تكرار أمثاله ودفع الدول الى إعادة النظر في التشريعات التي تسمح بوقوعها."[286]

عمادُ سيادة الشعب

من المقرر إجراء الانتخابات البرلمانية المقبلة في العراق في تشرين الأول / أكتوبر 2025، وحتى ذلك الحين قد لا تتطلب الأحداث تعليق السيد السيستاني أو تدخله في القضايا السياسية؛ وحتى وقت كتابة هذا الكتاب، لا يزال السيد السيستاني يستقبل المؤمنين والمحبين بصورةٍ شبه يوميةٍ،

غير أنه باقٍ على مقاطعته للسياسيين العراقيين، ولا يزال يُنظر إليه على أنه ناقدٌ للنخبة السياسية والمعارضُ لها. كما لا يزال السيد السيستاني يقيّم أداءَ الحكومة الحالية لرئيس الوزراء محمد شياع السوداني، غير أنه لم يوجّه حتى الآن أي انتقادٍ حادٍّ لها من النجف. واليوم أصبح الدور السياسي للسيد السيستاني أقل نشاطاً بكثيرٍ مما كان عليه من قبلُ، بيْد أنه لا يزال يراقب الشؤون السياسية عن كثبٍ.

وأياً كان ما تخبئه السنوات القليلة المقبلة، فإن العقد الذي أعقب فتوى الجهاد التي أصدرها السيد السيستاني – وهي الدعوة إلى حمل السلاح ضد داعش – قد عزز مكانته في تاريخ العراق وتاريخ المذهب الشيعي، وذلك أنه أجاد استخدام سلطته الكاريزمية والتقليدية والقانونية-العقلانية في مراحلَ مختلفةٍ للتأثير في الشؤون العراقية، لكن دون تجاوز حدود فلسفته المتمثلة في التأثير بدلاً من السيطرة، والمراقبة بدلاً من الإشراف.

رأس المال الدائم

وبالعودة إلى رأس المال السياسي المتخَذِ وحدةً للتحليل في هذا الكتاب، وإلى آراء ماكس فيبر حول السلطة، وبعد أن وثقنا مواقف السيد السيستاني، بات بإمكاننا الآن تأمل الأحداث التي استخدم فيها سلطته الكاريزمية والتقليدية والعقلانية-القانونية. فقدِ استخدم سلطته الكاريزمية لتعبئة العراقيين للاحتجاج على خطة بريمر فرض دستورٍ على البلد، وكذلك للخروج والتصويت ثلاث مراتٍ عامَ 2005 في الانتخابات التشريعية والاستفتاء على الدستور. كما استخدم سلطته التقليدية من خلال تعزيز سيطرته على المرجعية والمراقد وتوسيع نفوذ حوزة النجف، واستخدم سلطته العقلانية-القانونية بإصدار فتوىً تدعو للدفاع عن البلاد في وجه داعش، وللموافقة على قانون الوقف الشيعي الذي رسّخ سلطة المرجع الأعلى في النجف.

وباستخدام مفهوم بورديو عن رأس المال، يمكننا كذلك تسليط الضوء على أربع حالاتٍ في مواقفَ مختلفةٍ جداً استخدم فيها السيد السيستاني

سلطته ورأسماله الديني والثقافي والاجتماعي والرمزي بطرقٍ مختلفةٍ جداً. المثال الأول كان نهج السيد السيستاني الحذر والدفاعي للغاية تجاه الاستبداد العنيف لنظام البعث؛ والثاني كان تحركاتِ السيد السيستاني التي تطلبها الموقف ضد بريمر، حيث كان على السيد السيستاني أن يحشد مؤيديه للذود عن الديمقراطية حين لم تُؤخَذ وجهات نظره وآراء الشعب العراقي على محمل الجد؛ أما الاستخدام الثالث لرأسماله فكان في الفترة التي سبقت انتخابات كانون الثاني / يناير 2005 حين وظّف رأسماله الديني والثقافي والاجتماعي والرمزي الكبير في دعم تشكيل الائتلاف العراقي الموحد قبيل الانتخابات؛ وأما الحالة الرابعة التي استخدم فيها سلطته فكانت في محاولاته الحد من إساءة استخدام السلطة في النظام السياسي العراقي وإصلاح وظيفته.

إن تطبيق هذين الإطارين، أي إطار فيبر وبورديو، على مسيرة السيد السيستاني بصفته مرجعاً دينياً يؤكد أن السيد السيستاني فاعلٌ سياسيٌّ كبيرٌ استخدم السلطة ورأس المال بأشكالٍ مختلفةٍ وفي ظروفٍ متنوعةٍ؛ وبذا فإن قدرته على القيام بذلك وإحداث ذلك التأثير وحفاظه على سلطته لفترةٍ طويلةٍ يثبتان أنه مرجعٌ استثنائيٌّ يتصرف في أوقاتٍ استثنائيةٍ.

بناءً على الأدلة المتاحة تُظهر مقارنةُ السيد السيستاني بأسلافه والمراجع الآخرين أنه كان أكثرَ المراجع تأثيراً لقرونٍ من الزمن. ليس لنا أن نعرف مثلاً كيف كان السيد الخوئي سيستعمل منصبه لو كان مكان السيد السيستاني، ولذا فإن المقارنة مرتبطةٌ بالظروف التي وجد كلٌّ منهما نفسه فيها. وما نعرفه هو أن السيد السيستاني استخدم منصبه وسلطته لإحداث تأثيرٍ هائلٍ، وإن تقييم ذلك التأثير يبين كم أن السيد السيستاني شخصيةٌ استثنائيةٌ.

قد يبالغ المرء في تقدير قوة السيد السيستاني في السياسة العراقية، فبالنظر إلى أن انسحابه الجزئي في آذار / مارس 2020 عائدٌ على ما يبدو إلى خيبة أمله البالغة جرّاء عدم إجراء إصلاحاتٍ سياسيةٍ في العراق، من السديد إذن التساؤل ما إذا كان عجْز السيد السيستاني عن إجبار النخبة السياسية على تغيير سلوكها الجشع والإكراهي أو إصلاح النظام

إصلاحاً حقيقياً يعكس محدودية سلطة السيد السيستاني أو إخفاق في استراتيجيته. وكما ذكرنا سابقاً يرى بعض المراقبين أن الفترة التي تلت عام 2005 أظهرت لدى السيد السيستاني عجزاً مستمراً عن التأثير القوي في النظام السياسي ونخبته الحاكمة. ورغم تدخلاته المباشرة والناجحة، كمنعه حصول المالكي على ولايةٍ ثالثةٍ وإقالته عبدَ المهدي، يُظهر نضال السيد السيستاني في سبيل تحسين النظام الذي ساعد في إنشائه محدوديةِ نفوذه السياسي الذي ربما بلغ ذروته ولن يظل على حاله.

3

الأيديولوجيا السياسية في النجف

يقيّم هذا الفصلُ دور السيد السيستاني ومنهجيته السياسية، ويُظهر كيف أن نموذجه في السلطة الدينية يختلف عن النموذج القائم في إيران، وسأحاول توضيح أيديولوجيا السيد السيستاني السياسية أو رؤيته للحكم السياسي في العراق بناءً على تصريحاته.

القيادة والسياسة

تمثل شخصية السيد السيستاني جزءاً أساسياً من طريقة تعامله مع السياسة، إذ تشكلت شخصيته السياسية من خلال تجاربه التي خاضها قبل عام 1992، لكنه منذ صغره عُرف بالزهد والعزلة والتفرغ للبحث؛ فنأى بنفسه عن الحياة الاجتماعية في الحوزة وتجنبَ تولي الأدوار القيادية. وتُعد مرجعيته استثنائيةً لأنه لم يكن معروفاً لدى غالبية المسلمين الشيعة عندما أصبح مرجعاً، كما أنه لم يزاول التدريس علناً طيلة فترة مرجعيته، ولم ينشر أعماله الخاصةَ بالفقه باستثناء بعض التقارير التي أعدها طلابه، فهو إذن ليس بالمنفتح ولا يشارك عادةً في الفعاليات العامة، ولذا فالوصول إليه محدودٌ للغاية. تمثل كل خصاله تلك خروجاً عن نهج أسلافه وعن الطريقةِ التي يمارس بها سواه من المراجع أدوارهم؛ غير أن أسلوب السيد السيستاني المختلفَ لم يعق صعودَه ليصبح المرجع الأعلى، كما قد

يكون هذا الأسلوب أسلوباً تفرّد به السيد السيستاني دون سواه إذ من غير المرجح أن تصعد أجيال المراجع القليلة القادمة بالطريقة ذاتها.

كان نهج السيد السيستاني في السياسة قبل عام 2003 منصبّاً على تجنب استعداء الدولة بهدف حماية حوزة النجف من تداعيات ذلك العداء؛ فكان ذا آراءٍ سياسيةٍ لكنه لم يفصح عنها في العلن بسبب البيئة الاستبدادية المعادية؛ كما كان يعلم ألا قِبَلَ له بمواجهة النظام لأن أتباعه لن يكونوا في وضع يسمح لهم بتلبية أية دعوةٍ قد يطلقها لمواجهة نظام صدام؛ ولذا كان جلَّ همه النجاة ومنح أتباعه شعوراً بتضامنه معهم في الشدائد من خلال معارضة النظام بالطريقة الوحيدة التي كان بوسعه اتباعها، وفي ذلك قال السيد محمد رضا، نجل السيد السيستاني، في شباط / فبراير 2004: "كان الوضع حرجاً جداً بالنسبة إلى سماحته، وقد بقي سنواتٍ طويلةً رهين داره يمارس مسؤولياته في أضيق الحدود متجنبّاً منح أيّة ذريعةٍ لأجهزة النظام في الوقيعة بالحوزة العلمية وطلابها، وقد نجح - ولله الحمد - في الحفاظ على كيان الحوزة المقدسة في ظروفٍ بالغة الخطورة والتعقيد."[287]

اغتنم السيد السيستاني عزلته في قراءة مزيدٍ من الأحداث العالمية التي كانت تدور من حوله، والتركيز على الحفاظ على عمل حوزة النجف رغم مساعي النظام لقمعها؛ كما كان انعزاله في منزله وقلة تواصله يناسب شخصيته. وقد فهم أن مرجعيته في العراق كانت مقيدةً، لكنها فعالةٌ خارجه، ووجد أن ذلك الوضعَ هو المناسب وقتذاك. كما كان يواكب جميع التطورات السياسية في المنطقة، وكان واعياً بأنشطةٍ المعارضة العراقية في الفترة التي سبقت غزو العراق عام 2003.[288]

تغيير النظام

بعد تغيير النظام في نيسان / أبريل 2003 مباشرةً، أرسل السيد السيستاني إلى آية الله السيد محمد سعيد الحكيم في النجف رسالةً يطلب فيها من السيد الحكيم قيادةَ الشيعة العراقيين، إذ كان السيد

الحكيم عراقياً ويمكنه التدخل في السياسة بسهولةٍ أكبرَ،[289] غير أن السيد الحكيم رفض لأن أتباع السيد السيستاني كانوا أكبر عدداً، وقال إن بقية مراجع النجف سيدعمون قيادة السيد السيستاني، وذلك أنهم يدعمونه علناً حين يتفقون مع مواقفه، ولا يختلفون معه علناً أبداً.[290] كما أن كثيراً من الشيعة العراقيين كانوا يقصدون توجيهات السيد السيستاني ويطلبون توليه قيادتهم، ولذا وافق على تولي دور القائد، لكنه أبقى المراجع الآخرين على اطلاعٍ بخططه وجعل من ذلك شراكة تعاونية كلما استطاع إلى ذلك سبيلاً، وقد ساعد هذا الموقف التعاوني السيد السيستاني كثيراً، وربما ليس له مثيلٌ في تاريخ النجف.

وبدعمٍ من المراجع الآخرين، وبوصفه أكثر المراجع أتباعاً في العراق وخارجه، كان السيد السيستاني واثقاً من أن آراءه وفتاويه ستكون ذاتَ تأثيرٍ بالغٍ،[291] ولما كان أرفع زعيمٍ دينيٍّ في العراق، أدرك أن عليه التدخل عند الضرورة، فأدى وعيه بموقعه ذاك إلى تغير نهجه في السياسة بعد عام 2003 بالنظر إلى تغير السياق، فأراد الناس تدخله والإنصات لتوجيهاته. ولأن آراءه ستكون مؤثرةً، فقد تغير واجبه ليصبح أكثر نشاطاً في السياسة.

يعتمد نهج السيد السيستاني في العموم على تحصيل أكبر قدرٍ ممكنٍ من المعلومات وتقييمٍ كاملٍ للظروف السياسية السائدة، ويعتمد على مصادره ومساعديه لتزويده بالمواد المهمة والمعلومات الأساسية حول مسألةٍ أو شخصٍ ما.[292] قال العديد من السياسيين العراقيين ممن تحدثتُ إليهم على مر السنين إنهم حين التقوا السيد السيستاني وجدوه واسعَ الاطلاعِ وعلى علمٍ بأدق تفاصيل الموضوعات المطروحة، وأنه كان يتلقى معلوماتٍ عن اجتماعاتهم ومناقشاتهم الخاصة.

كما شارك السيد السيستاني في كتابة مسودات الدستور والتشريعات وعمليات الدولة الأخرى، ويستخدم مصادر متعددةً غيرَ مترابطةٍ للتحقق من المعلومات ومطابقتها. أضف إلى ذلك أنه قارئٌ نهمٌ للصحف والكتب والمقالات والبلاغات الحكومية والإجراءات الرسمية والتصريحات السياسية والتشريعات والمخطوطات والدوريات والمجلات.[293]

يدل نهج السيد السيستاني على أنه على درايةٍ استثنائيةٍ بشؤون العراق والمنطقة والعالم، ويتفوق في ذلك على أقرانه وحتى على معظم السياسيين؛ ومن هنا نتبين أنه لم يعمل كجِهوي منعزلٍ، ولم يقتصر تركيزه على الفقه الديني وحسبُ كدأب معظم المراجع. ومن أسباب هذا الاختلاف شخصيته وطريقة دراسته التي تلبي تعطشه للمعرفة؛ والسبب الآخر هو الظروف التي عاشها في الحوزة، ولا سيما في الأوقات الحساسة، مثل ما شهد مع آية الله السيد حسين البروجردي والسيد أبو القاسم الخوئي، ما أوجب عليه النظر إلى دور المرجع على أنه أكبر من مجرد فقيهٍ.

وبعد جمع المعلومات يفكر السيد السيستاني فيما إذا كان عليه التدخل، وما المخاطر المحتملة التي قد تنجم عن تدخله ذاك، وما أفضل نتيجةٍ منه، وما السبيل لتحقيقها،[294] ويمرر قراراته من خلال اللقاءات الشخصية حيناً، ومن خلال رسائل عبر وسطاء حيناً آخر، وكذلك من خلال البياناتِ؛ كما يستخدم خطب الجمعة (التي يلقيها أحد وكلائه علناً)، والتعليقات العامة من شبكة معارفه. ومن وسائله المفضلة للتعبير عن موقفه عدمَ التحدث علناً، أو رفض الاجتماع بوسيطٍ، أو تلقّي رسالةٍ ما. وثمة فوارقُ بسيطةٌ في تدخلاته المباشرة، فتارة يتدخل باسمه، وتارةً باسم مكتبه، وتارةً أخرى يدلي بتصريحٍ، والأهم من ذلك حين يأتي تدخله على شكل فتوىً. وبسبب النهج الحذر الذي يتبعه السيد السيستاني، لم تَحدث كثيرٌ من تدخلاته المهمة علناً، ولم يعلم بها سوى قلةٍ مختارةٍ من وراء الكواليس. إن السياسيين ليسوا على درايةٍ بالأساليب غير الرسمية للمرجعية ويجهلون لغتها في بعض الأحيان، ولذا يستخدم السيد السيستاني مزيجاً من هذه الأساليب للتواصل معهم. كما أن القيود التي فرضها السيد السيستاني على الاجتماع بالسياسيين منحت دوراً للوسطاء القادرين على إيصال رسالةٍ سريةٍ من السيد السيستاني، وبمخاطر أقل من مخاطر اجتماعاته الشخصية أو تعليقاته العامة؛ ولذا لا ينبغي التقليل من أهمية استخدام المرجعية للقنوات غير الرسمية.

ومن بين العوامل المهمة في عملية صنعه للقرار ضرورةُ حفاظه على رأسماله السياسي، وتجنب الإفراط في التدخل، وانتظار الظروف السانحة

كي يستجدي الناسُ صوتَه فيصبح ذا تأثيرٍ أكبر،[295] ولذا يصوغ كل بياناته بعنايةٍ، وأما شبكة السيد السيستاني فقد صُممت لتعزيز مواقفه.

ولعل عبارة "استراتيجيٌّ جداً" أفضل وصفٍ لنهج السيد السيستاني في السياسة، وإن الوصف الذي لا ينطبق قطعاً على السيد السيستاني هو "الغير مكترث بالسياسة."

هادئٌ أم نِشطٌ؟

ولأن تدخلات السيد السيستاني محدودةٌ ومؤثرةٌ في آن معاً، فقد تراوحت الآراء حوله بين "الهادئ، أو شبه الهادئ، أو رجل الدين النشط" على حد تعبير كلانتري.[296] لا ريب أن هذه التوصيفات تبسيطيةٌ، لكنا حتى لو استخدمناها، فقد ينطبق أحدها أو كلها على السيد السيستاني في لحظةٍ ما، أو قد لا ينطبق أيٌّ منها عليه. إنه يؤمن بأن السياق مهمٌّ، سواءً كان لزاماً عليه التصرف، أم أن آراءه سيكون لها تأثيرها، أم أن النتيجة المرجوة ممكنةً.

لا يرى السيد السيستاني أن على رجال الدين المشاركة رسمياً في السياسة، غير أنه يرى أن من واجب السلطاتِ الدينية التوجيه والتدخل إنْ أراد الناس ذلك وإن كانتِ الظروف مناسبةً.[297] ردّاً على سؤالٍ من وكالة أسوشيتد برس في تشرين الأول / أكتوبر 2003 حول التزامه الصمت في كثيرٍ من الأحيان، قال مكتب السيد السيستاني: "إن سماحة السيد على الرغم من اهتمامه البالغ ومتابعته المستمرة للشأن العراقي في جميع جوانبه إلاّ أنه قد دأب على عدم التدخل في تفاصيل العمل السياسي وفسح المجال لمن يثق بهم الشعب العراقي من السياسيين لممارسة هذه المهمة، ويكتفي سماحته بإبداء النصح والارشاد لمن يزوره ويلتقي به."[298]

إن الأحيان التي اختار فيها السيد السيستاني عدم التدخل لا تقل أهميةً عن تدخلاته؛ فعلى سبيل المثال في العام 2006 وبعد تدمير ضريح الإمامين العسكريين في سامراء على يد تنظيم القاعدة، لم يوعز السيد السيستاني

للمتطوعين الدفاع عنِ المراقد الأخرى والمجتمعات الشيعية، وفي عام 2010، ورغم الانسداد السياسي والمعارضة الكبيرة من الأحزاب السياسية الأخرى لبقاء نوري المالكي رئيساً للوزراء، اختار السيد السيستاني عدم التدخل في الأمر؛ وكذلك كان الحال فيما يخص المأزق الذي دام عاماً بخصوص تشكيل الحكومة بعد انتخابات العام 2021، حين لم يَصدر عن السيد السيستاني أي موقفٍ علنيٍّ، والأمر ذاته ينطبق على الاشتباكات العنيفة التي دارت في المنطقة الخضراء في آب / أغسطس 2022. توضح هذه الأمثلة الطبيعة المتعمدة لتصرفات السيد السيستاني، وأنه ينتهج منطقاً يقيّم به مواقفه، وأنه يتصرف بناءً على حساباتٍ يقيّم من خلالها المخاطرَ والمآلات.

يدرك السيد السيستاني تمام الإدراك أنه يمثل حلقةً من سلسلةٍ من المراجع عمرها ألف عامٍ، وأن من واجبه الحفاظ على هذه الحلقة القيادية؛ ولذا يسعى عند تعاطيه السياسةَ إلى الحفاظ على هيبة منصبه والتأثير المحتمل لأعماله وقوة المرجعية، وهذا يعني إبقاء تركيز المرجعية منصبّاً على مجال سلطتها الدينية دون إضعاف سلطتها تلك بالإفراط في الانخراط في الشؤون اللادينية، أو في شؤون الدولة الحديثة وسياستها.

ورغم حرصه على استقلال حوزة النجف والمرجعية عن الدولة وتجنب تدخل المرجع في السياسة رسمياً، وافق السيد السيستاني على ورود دوره صراحةً في نص قانون الوقف الشيعي رقم 57 لسنة 2012،[299] وتحديداً في المادة 4.2 من ذلك القانون والتي تنصّ بأن يُعين رئيس الوقف الشيعي "بعد موافقة المرجع الديني الأعلى، وهو الفقيه الذي يرجع إليه في التقليد اكثر الشيعة في العراق من فقهاء النجف الاشرف." وبالمثل تصف المادة 14 من ذلك القانون دور المرجع الأعلى في تعيين أمناء الأوقاف وإقالتهم. وتنص المادة 15 على أنه لا يجوز للوقف الشيعي أن يتدخل في شؤون الحوزة إلا بموافقة المرجع الأعلى. وتكمن أهمية هذا القانون في أنه يضفي طابعاً رسمياً على الاعتراف بالمرجع الأعلى، وعلى نفوذه في الوقف الشيعي، وسيطرته على الحوزات والمراقد، واستقلالها عن الدولة، وأن المرجعية مرجعيةٌ نجفيةٌ.

الأيديولوجيا السياسية والدولة المدنية

من المهم التمييزُ بين ما يراه السيد السيستاني بأنه قابلٌ للتطبيق ومناسبٌ لسياق وظروف العراق ما بعد 2003، ونظريته العامة حول الحكم في فترة الغيبة الكبرى للإمام الثاني عشر،[300] وهو تمييزٌ يعكس منهجية فقهاء الشيعة: إذ يمارسون كثيراً من الحرية الفكرية في دروسهم وأبحاثهم، لكنهم أكثر تقييداً في تطبيقها.

ينبغي فهم آراء السيد السيستاني حول العراق في هذا السياق: أي ما يناسب العراق في الظروف الراهنة، لا ما يعكس أيديولوجيته السياسية الحقيقية. إن لدى السيد السيستاني؛ بصفته فقيهاً؛ أيديولوجيا سياسيةً متجذرةً في الشريعة الإسلامية، لكن ذلك يصف نظريةً عامةً للحكم في مجتمعٍ إسلاميٍّ بالكامل، ولا ينطبق على ظروف العراق الحالية، ولذا فإن السيد السيستاني يؤيد وجهة نظرٍ تحدد النظام السياسي الأفضل للعراق في السياق الحالي. يفسر هذا التفكير سبب رد السيد السيستاني - عندما سئل ما إذا كانت الحكومة الإسلامية يجب أن تقوم على ولاية الفقيه - بأن ذلك ليس وارداً، لا أنه لا يؤمن بالأمر.[301]

لم يكشفِ السيد السيستاني عن أيديولوجيته السياسية قط، ويصعب استنتاجها من خلال تعاليمه بالنظر إلى قلة المعلومات حول آرائه؛ غير أن وجهاتِ نظره السياسية بشأن عراق ما بعد عام 2003 أكثر وضوحاً، ورغم أنه لم يفصح عن نهجه صراحةً ولم يضع له تعريفاً، بالإمكان شرحه بإيجازٍ بناءً على تعليقاته العامة. ووفقاً لممثل السيد السيستاني في بيروت، فإن "موقف السيد السيستاني تجاه المرجعية يمكن فهمه فهماً أفضل من خلال ممارساته، لا من خلال نظرياته الشرعية."[302] ويرى بعض رجال الدين أن دور المرجعية في الشؤون السياسية أقرب لدور طبيبٍ يتدخل عند الأزمات، أو يؤدي دور الأب الروحي عند الحاجة[303].

وبين عامي 2003 و2004 صرح السيد السيستاني مراراً أن شكل الحكم في العراق يحدده الشعب العراقي وحده، وهذا هو عماد رؤيته: إرادة الشعب وسيادته هما مصدر شرعية النظام السياسي؛ كما يؤمن السيد

السيستاني أن دوره يتمثل في دعم الناس في توضيح إرادتهم والمساعدة في تهيئة الظروف لهم للتعبير عنها.

إن عماد سيادة الشعب في نظرية السيد السيستاني السياسية هو ما أطلق عليه العديد من الكتّاب تسمية ولاية الأمة (أي سلطة الشعب، على عكس ولاية الفقيه) أو بدقةٍ أكبر: إرادة الأمة.[304] ويؤكد من خلالها حقَّ الشعب وسلطته في اختيار نظام الحكم الذي يراه مناسباً لظروفه. عندما يتخذ الناس خياراتهم، فإن ذلك يضفي على الدولة شرعيةً، وينبغي الالتزام بنتائج اختياراته تلك. وبسبب تاريخ الاستبداد في العراق، كان من المنطقي أن يختار الناس نظاماً ديمقراطياً؛ وبما أن الأغلبية مسلمون، فمن الطبيعي أن يبتغوا دولةً تحترم القيم والمبادئ الإسلامية، ولهذا السبب أراد السيد السيستاني دستوراً يكتبه عراقيون يقع الاختيار عليهم من خلال الانتخابات، وكان متيقناً من النتيجة.

وعندما سُئل السيد السيستاني في آب / أغسطس 2003 عن شكل النظام السياسي الذي يراه مناسباً للعراق أجاب: "النظام الذي يعتمد مبدأ الشورى والتعددية واحترام حقوق جميع المواطنين."[305] والشورى هنا هي الآليةَ التي تفضي إلى اكتشاف إرادة الأغلبية، وهي جزءٌ أساسيٌّ من الديمقراطية التمثيلية. ويؤمن السيد السيستاني أن الانتخاباتِ والديمقراطيةَ البرلمانيةَ هي أنسب أساليب الحكم في العراق.

تُظهر تصريحاتُ السيد السيستاني ومواقفه الكثيرة ما بين عامَي 2005-2020 أنه يريد برلماناً قوياً يجري اختياره من خلال الانتخابات فَتتمخض عنه حكومةٌ شاملةٌ ذاتُ أغلبيةٍ قويةٍ قادرةٍ على فرض سيادة القانون. كما حذر مراتٍ عدةً من النزعات الاستبدادية ودعا البرلمانَ إلى ممارسة مسؤولياته في سَن التشريعات الصحيحة ومحاسبة السلطة التنفيذية؛ كما نصح العراقيين مراتٍ عديدةً باختيار أنسبِ مَن يمثلهم في البرلمان على أساس قدراتهم ونزاهتهم. وينبع نهج السيد السيستاني هذا من "صدق إيمانه بالشرعية السياسية لعقد اجتماعي بين الحكام والمحكومين."[306]

إن إرادة الأمة لدى السيد السيستاني تمنح الناسَ الحرية في اتخاذ خياراتهم بأنفسهم وتَحمُّلهم مسؤوليةَ اختياراتهم تلك، كما ترتكز إرادة الأمة على السلطة الدستورية وحرية التعبير عن إرادة الأغلبية من خلال الانتخابات؛ فإذا ما اتفق الناس على الدستور واختاروا برلماناً يسن القوانين وينتخب الحكومة، غدَوا ملزمين بمتابعة العملية أو تغييرها على النحو الذي يرونه مناسباً ضمن تلك الضوابط؛ ولذا يرى السيد السيستاني أن دوره لا يتمثل في التدخل، بل في التوجيه، كي يتمكن الناس من اتخاذ الخيارات المناسبة، أو يصحح‍وا بأنفسهم نتائجَ خياراتهم إذا ما كانت غير موفقةٍ؛ ويتجلى منظور السيد السيستاني هذا في تصريحاته حين يدعم حق الاحتجاج، وحين يدعو النخبة السياسية إلى الإنصات لمطالب الناس.

والأهم من ذلك أن السيد السيستاني لم يستخدم قطُّ مصطلحات "الديمقراطية" أو "العلمانية" أو "الدولة المدنية" لأنها لا توافق لغة الفقه الشيعي وأعرافه رغم تكرر كلمات الديمقراطية والحقوق المدنية في الدستور الذي أيده السيد السيستاني. وكما ذكرنا في الفصول السابقة يُعد السيد السيستاني نصيراً قوياً للمساواة والحقوق المدنية وحماية الأقليات العرقية والدينية وإشراكهم في الحكم، وهي مُثُلٌ يعكسها الدستور العراقي، غير أنها لا تُطبق بفعاليةٍ، وهو ما دفع السيد السيستاني لتوبيخ النخبة السياسية.

غير أن آراء السيد السيستاني في هذه المسائل لا تعني أنه ليبرالي يؤيد الحريات المطلقة التي لا تتماشى مع القيم الإسلامية. وحري بنا الإقرار بأن السيد السيستاني يؤيد نهجاً سياسياً فريداً لا يندرج ضمن مسميات الديمقراطية الليبرالية ولا العلمانية، ولا ديمقراطية ما بعد الليبرالية وما بعد العلمانية؛ غيرَ أن ما من أدلةٍ كافيةٍ متاحةٍ للتعمق أكثر في هذا النوع من التكهن.

أما بخصوص دور الإسلام، لا يدعو السيد السيستاني إلى نظامٍ سياسيٍّ إسلاميٍّ، بل إلى حكومةٍ تحترم المبادئ والقيم الإسلامية، وهو ما يعني حكومةً لا تخالف الشريعة الإسلامية؛ وما دام لم تكن هنالك مخالفةٌ للإسلام، فما على المرجع إلا التوجيه والنصح. كما يمكن اعتبار هذا الموقف

شكلاً من أشكال حق النقض على العملية السياسية، فلا يتدخل المرجع إلا عند مخالفة الإسلام، وهو شرطٌ يعتمد على واقع العراق بوصفه بلداً ذا أغلبيةٍ مسلمةٍ، ولا نعرف ما هي وجهة نظر السيد السيستاني فيما لو لم يكن العراق كذلك. غير أن السيد السيستاني قاوم في مناسباتٍ عدةٍ زيادة أسلمة العراق أو فرض قوانين الشريعة وممارساتها؛ ومن أمثلة ذلك حلّ السيد السيستاني المحاكمَ الشرعية التي أنشأها الصدريون في النجف عام 2004 بعد أنِ استعاد السيطرة على ضريح الإمام عليٍّ، وانتقاده قانونَ الأحوال الشخصية الجعفري حين طُرح في عامي 2014 و2017 باعتباره "ينتهك حقوق جميع مكونات الشعب العراقي" لأنه سيميّز في معاملته بين الشيعة وسواهم من العراقيين ويتعارض مع العديد من القوانين والاتفاقيات؛ فعارض السيد السيستاني ذلك القانون رغم كونه أكثر انسجاماً مع الفقه الشيعي من انسجامه مع قانون الأحوال الشخصية القائم.[307]

كما أعرب السيد السيستاني عن وجهات نظره في مسائل سياسيةٍ أخرى كسلامة العراق ووحدة أراضيه أمام محاولات انفصال إقليم كردستان، وقوانين الانتخابات، وبرامج الحكومة وقرارات مجلس الوزراء، والعديد من التشريعات المقترحة، وأفعال الدول الأجنبية في العراق. غير أنه لم يصرّحِ بآرائه علانيةً فيما يتعلق بكثيرٍ من القضايا السياسية والإدارية الأخرى، كالفيدرالية واللامركزية وإدارة الاقتصاد والسياسة الخارجية؛ فجاء صمتُه بشأن هذه الأمور منسجماً مع نهجه المتمثل في عدم الانخراط بقوةٍ في العملية السياسية، وضمان تحميل الشعب والنخبة السياسية المسؤولية عن خياراتهم وأفعالهم.

وخلاصة القول إن "إرادة الأمة" التي طرحها السيد السيستاني هي رؤيتُه لدولةٍ مدنيةٍ يحكمها دستورٌ وقوانينُ تكرس الديمقراطية البرلمانية التمثيلية، ودولة تحترم مبادئ الإسلام وقيمه وفقاً لاختيار الشعب، كما تعزز تلك الرؤيةُ المبادئَ الديمقراطية والعملية الديمقراطية ما لم تتعارض مع القيم الإسلامية؛ فالسيد السيستاني لا يدعو إذن إلى نظامٍ علمانيٍّ أو حكومةٍ إسلاميةٍ أو ثيوقراطيةٍ؛ بل يرى أن الشعب إذا ما حدد خياراته بحريةٍ

فعليه الالتزام بها، وأنْ ليس للمرجع أن يمنح الشعب أو يسلبه أية سلطةٍ، ولا يتحمل أية مسؤوليةٍ حيالَ خياراته أو حيال الدولة.

النظرة المختلفة لولاية الفقيه

وكما أسلفنا، فإن الأيديولوجيا السياسية العامة للسيد السيستاني غير واضحةٍ، لكننا نعرف أكثر عن رأيه بولاية الفقيه. وعموماً ثمة انقسامٌ بين رأيين فيما يتعلق بسلطة المرجع السياسية، حيث تؤمن مدرسة السيد السيستاني – النجفية – بنطاقٍ أضيقَ للسلطة الدينية، فيما تؤمن المدرسة الأخرى، وهي ولاية الفقيه، بنطاقٍ أوسع، ويُعدُّ هذا الاختلاف مهماً لفهم رأي السيد السيستاني بتطبيق السلطة الدينية: فمدرسة النجف تؤمن بالنهج العملي وتحدد الأولويات تبعاً للسياق، فيما تؤمن طهران باتباع نظرية السلطة الإلهية لتحقيق غاياتٍ سياسيةٍ.[308]

كما أن إيمان السيد السيستاني بسلطةٍ دينيةٍ محدودة النطاق يساعد في تفسير عدم توضيحه لأيديولوجيته السياسية كما وضّحها مثلاً السيد محمد باقر الصدر أو السيد روح الله الخميني؛ فالسيد السيستاني لا يرى أن على رجال الدين امتلاك أيديولوجياتٍ سياسيةٍ أو محاولة شرحها أو تطبيقها في كل الظروف؛ بل إنه اعترض حتى على الاختلافات في وجهات النظر داخل مدرسة النجف، وأوضح في تعليقاتٍ أدلى بها خلال لقاءاته ودروسه الخاصة أنه يختلف مع أستاذه السيد الخوئي في قضايا عدةٍ، لكنه غالباً ما "امتنع عن ذكر تلك الخلافات علناً وفق ما تقتضيه الأعراف الاجتماعية السائدة بين تلاميذ الحوزة."[309] ويمتد صمت السيد السيستاني عن هذه الخلافات إلى موقفه من ولاية الفقيه، حيث يتخذ السيد الخوئي نهجاً أكثر تقييداً، بينما يتبنى السيد السيستاني نهجاً أوسع، لكن كليهما يظل في إطار مدرسة النجف.[310]

غير أن بإمكان المرء استنتاج بعضَ التفاصيل عن آراء السيد السيستاني بالسلطة الدينية من خلال خطبه وتقريرات طلابه وغيرها من المواد. لا يؤيد السيد السيستاني ولاية الفقيه العامة، أو ولاية الفقيه المطلقة التي يرى

بأنها خاصةٌ بالنبي محمدٍ والأئمة الاثني عشر، غير أنه يؤمن بولاية الفقيه الخاصة، أو ولاية الفقيه في الأمور العامة؛ ففي نموذج الولاية المطلقة، للفقيه أو المرجع السلطة العامة على الناس وأموالهم، وحتى على الأمور التي لا تُعد ضرورية للحكم والنظام، وبذا فنطاق سلطتها واسعٌ؛ وهذا النطاق الأوسع للسلطة يمثل وجهة نظر السيد الخميني والأيديولوجيا الحالية التي يقوم عليها النظام السياسي في إيران. أما النموذج الآخر من الولاية، والذي يؤيده السيد السيستاني، فيتولى المرجع فيه مسؤوليةَ الشؤون العامة حين "ينتخبه" المراجع الآخرون، وتحديداً في مسائل الحكم والنظام وحسب،[311] غير أن السيد السيستاني قد أضاف في آب / أغسطس 2010 بنداً شرطياً: إذا ما أراد الفقيه أن تكون له الولاية أو السلطة في إدارة الدولة، عليه أن يحصل على موافقة عامة الشعب (المقبولية العامة).[312]

إن وجهة نظر السيد السيستاني المختلفة حول ولاية الفقيه وتنافسه مع نظام الجمهورية الإسلامية في إيران ترجع في جزءٍ منها إلى الأسس النظرية الموصوفة أعلاه، فضلاً عن أنها نتيجةٌ لنطاق وممارسات منظومة المرشد الأعلى في إيران. ليس فقط يصر السيد السيستاني بأن سياق العراق غير مناسبٍ لحكومةٍ إسلاميةٍ، بل إنه لا يريد أن تتطاول الحكومة الإسلامية في إيران على العراق أو تحاول تشجيع تطوير نظامٍ مماثلٍ فيه؛ وفي الواقع وصف السيد السيستاني نفسه بأنه الضمان ضد ظهور نظامٍ ثيوقراطيٍّ في العراق يحاكي النمط الإيراني، وفي ذلك قال عامَ 2004: "لن تتكرر التجربة الإيرانية في العراق طالما أنا على قيد الحياة."[313]

وفيما يحرص السيد السيستاني على عدم انتقاد النظام الإيراني علناً أو التعليق على الشؤون السياسية الإيرانية (رغم أنه مواطنٌ إيراني)، يقول رجال الدين من حوزة النجف بوضوح أن الحوزة لا تؤيد النموذج الإيراني،[314] وهذا يُعد مشكلةً لطهران لسببين رئيسين: الأول هو وجود مرجعٍ أعلى من السيد الخامنئي وله أتباعٌ أكثر ونفوذٌ عابرٌ للحدود الوطنية بنحوٍ أكبر، وبإمكانه تقييد سلطة السيد الخامنئي خارج إيران. والثاني هو أن بإمكان السيد السيستاني التأثير في آراء المواطنين الإيرانيين الذين باتوا يرون

بوضوحٍ نموذجاً بديلاً لدور المرجع في المجتمع الإسلامي، ألا وهو دور المرشد لا الحاكم، نموذجاً يبدو أكثر نجاحاً وقبولاً لدى الناس. وتُعد النقطة الثانية واحدةً من الأسباب التي تجعل كثيراً من الناس في إيران يتبعون السيد السيستاني، وبقاء مدرسة النجف أكثر النماذج جذباً لكثيرٍ من المسلمين الشيعة في إيران وأماكن أخرى.

أدى هذا التنافس إلى رد فعلٍ من إيران التي عملت على التأثير في النجف والنظر في سبلٍ لتعزيز موقعها هناك بعد وفاة السيد السيستاني.[315] كما أن السيد الخامنئي يحتفظ بمكتبٍ له في النجف منذ عام 2004، ويشرف ممثله الحالي في العراق، السيد مجتبى الحسيني، على حملةٍ لجذب مزيدٍ من الطلاب في المدارس المرتبطة بإيران، إلى جانب منح رواتب أكبر بكثيرٍ من تلك التي تدفعها حوزة النجف للطلاب.[316] كما حاولت إيران قبل بضع سنواتٍ تنصيب السيد محمود الهاشمي الشاهرودي، الرئيسِ السابق للسلطة القضائية الإيرانية، وأحدِ المقربين من السيد الخامنئي، مرجعاً في النجف يعترف بسلطة السيد الخامنئي.[317] كما دعمت إيران كثيراً من الزعماء والجماعات والحركات الدينية في العراق منذ عام 2003 ممن يحاولون تقويضَ سلطة السيد السيستاني ونفوذه.[318] أما مؤخراً فقد طلب السيد كاظم الحائري، وهو مرجعٌ عراقيٌّ مقيمٌ في قم، من الشيعة اتباع سلطة السيد الخامنئي،[319] فكانت هذه التحركات وغيرها الكثير محاولاتٍ تكتيكيةً لتكريس سلطة المرشد الأعلى الإيراني في العراق وبلدانٍ أخرى كجزءٍ من سلطات ولاية الفقيه.

غير أن المسؤولين الإيرانيين يحرصون على إظهار الاحترام للسيد السيستاني في العلن، ومنهم السيد الخامنئي نفسه في مناسباتٍ عديدةٍ، ورؤساء الحكومات والوزراء والمسؤولون الكبار؛ ويشير إظهار الاحترام هذا إلى إدراكهم استحالة تحدي سلطة السيد السيستاني ومنصبَه،[320] وستكون أكثرُ الفترات الاستراتيجية أهميةً لإيران هي الفترة التي ستلي وفاة السيد السيستاني، فحينها قد تغدو طهران قادرةً على ممارسة مزيدٍ من النفوذ، وربما التدخل في تحديد المرجع المقبل.

غير أن السيد السيستاني اتخذ خطواتٍ للتصدي لهذه المحاولة؛ فزاد أولاً

أعداد الطلاب والاساتذة في حوزة النجف، ورفع من مكانة الفصول الدراسية في مدارسها من خلال الاستثمار في إمكانيات الحوزة والرواتب وما إلى ذلك. وثانياً أن السيطرة على المراقد والزيادة الهائلة في أنشطتها وتمويلها وقدراتها يجعل من العراق العاصمةَ الطبيعيةَ لشيعة العالم. وثالثاً، يشير قانون الوقف الشيعي بوضوح إلى المرجع الأعلى في النجف، ما يمنع إمكانية انبثاق السلطة الدينية من إيران؛ كما ينص القانون على أن تقع المراقد تحت سيطرة النجف، ما يجعل من المستحيل على المراجع في إيران السيطرة عليها، وبالتالي يحد من دورهم المحتمل في العراق.

ورغم كل هذا التنافس والخلاف حول نطاق السلطة الدينية، قد يبالغ المرء في تقدير حجم التنافس بين السيد السيستاني والسيد الخامنئي، أو بين النجف وطهران؛ فثمة نقاط اتفاقٍ كثيرةٌ في المسائل الدينية والسياسية وغير ذلك؛ كما أن العلاقاتِ بين مراجع العراق ومراجع إيران علاقاتٌ واسعةٌ، وشبكاتِهما متداخلةٌ ومتعاونةٌ في معظمها.[321] وقد أشادت إيران علناً بقيادة السيد السيستاني في العراق، مدركةً أنْ لولاه لكانتِ السلطة الشيعية - وبالتالي النفوذ الإيراني - أضعف بكثيرٍ.

ومهما كان من تنافسٍ بينهما، تظل النجف في موقفٍ قويٍّ؛ فقد صمد نموذجُ المدينة المقدسةَ للسلطة الدينية وقياداتها أمام اختباراتٍ دامت أكثرَ من ألف عامٍ، ولذا فمن المرجح أن تواصل النجف ازدهارها في السنوات المقبلة. في المقابل أدى نموذج الحكومة الإسلامية في إيران إلى ربط سلطة المرجع بالحظوظ السياسية للدولة، وبالتالي قد يواجه هذا النموذج تحدياتٍ قاسيةً في المستقبل.

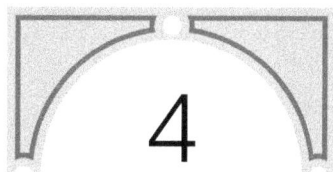

4

إرث السيستاني

مما لا شك فيه أن إرث السيد السيستاني هو مرجعيته التي تشمل قيادته وتدخلاته وتوجيهاته. قد لا يكون للسيد السيستاني ذاتُ الإرث العلمي الذي يمتلكه أستاذه آية الله السيد أبو القاسم الخوئي من حيث التدريس والنشر، غير أن مكانة السيد السيستاني كمرجعٍ، كما بيّن كتابنا هذا، مكانةٌ منقطعة النظير على مر التاريخ؛ فالطريقةُ التي يتصرف بها السيد السيستاني، والاحترام والهيبة والسلطة والنفوذ الذي بناه للمرجعية، والمواقف التي اتخذها كلما حفت المخاطر بالعراق، ستترك دون شكٍّ إرثاً يتطلع إليه جميع المراجع اللاحقين.

لقد خلق السيد السيستاني نموذجاً لِما ينبغي أن يكون عليه المرجع؛ نموذجاً له سماتٌ ستٌّ رئيسةٌ هي (1) تجنُّب المشاركة الرسمية في السياسة؛ (2) ضمانُ سيادة الشعب العراقي كأولويةٍ قصوى وقدرته على التعبير عن رغباته بحريةٍ؛ (3) تقديمُ التوجيه للسياسيين دون التحالف مع أيٍّ منهم؛ (4) الحفاظُ على قوة المرجعية وهيبتها من خلال السيطرة على العتبات المقدسة والحوزات العلمية وعدم التدخل في كل مسألة عامةٍ؛ (5) التصرف كزعيمٍ لجميع العراقيين وخدمة مصالحهم بصرف النظر عن دينهم أو عرقهم؛ (6) وعدمُ التدخل في السياسة إلا عند تعرض "بنية المجتمع" للتهديد أو لمعالجة أخطر القضايا التي تواجهها الدولة.

يُعد السيد السيستاني مبعثَ فخرٍ للمجتمعات الإسلامية الشيعية، فهو يجدد إيمانهم بالقيادة الدينية، ويبيّن أن بالإمكان الاحتفاظ بالهويات الدينية

والعرقية والقومية وغيرها في عالمنا الحديث في آن واحد. كما سمح دفاعُ السيد السيستاني عن الديمقراطية الدستورية وتدخلاته السياسية المهمة في العراق بإنشاء دولةٍ رغم حثه الدائم على القيام بإصلاحاتٍ تقدميةٍ؛ كما قدّم للعراقيين القيادةَ المعنوية في الشدائد، وعلى حد تعبير الكاتب حسن عباس، "ساعد العراقَ في تجاوز الصدمة النفسية التي عاشوها في عهد صدام حسين، والنجاة بعد ذلك من وحشية الجهاديين والإرهاب الذي مارسه داعش بعد عام 2003."[322] إن ما يمكن تسميته بنموذج السيد السيستاني يبين كيف ينبغي للمرجع أن ينفذ التزاماته في دولةٍ قوميةٍ متنوعةٍ، وبطريقةٍ تعزز احترام الحريات والمساواة والحقوق والسيادة.

إن كل من التقى السيد السيستاني شخصياً وتحدث معه انبهر بعلمه وببصيرته وبحكمته، وأُعجب بدماثة أخلاقه وسعة صدره؛ فقد تحمّل الكثيرَ للحفاظ على نزاهته، ولذا يرى فيه الكثيرون رجلاً "ورِعاً ذا مصداقيةٍ وقوةٍ" على حد تعبير صحيفة نيويورك تايمز.[323] أما مَن قيّموا دوره فيرون أنه مارس دوراً محورياً في منع انزلاق العراق نحو الفوضى العارمة أو الحرب الأهلية؛ كما دفعت تدخلاته في العراق معلقين بارزين إلى المطالبة بمنحه جائزة نوبل للسلام.[324] ورغم محاولات السيد السيستاني الحثيثة الحد من نفوذ الولايات المتحدة وإيران في العراق، فتلكما الدولتان سعيدتان بوجوده في العراق لِما يوفره فيه من استقرارٍ، ويساورهما القلق حيال ما قد يحدث بعد رحيله.[325]

الرد على النقاد

منذ عام 2003 ركزتِ الانتقادات الرئيسة الموجهة للسيد السيستاني على ثلاثة مواضيع: دوره في السياسة في العراق، وهيمنته على المرجعية، وميله نحو العزلة.

أولاً، فيما يتعلق بدوره في السياسة، يرى بعض الساسة العراقيين من السنة والأكراد والعلمانيين أنه جافى العدلَ باستخدامه نفوذَه لضمان تفوق الإسلامويين الشيعة في اللحظات المفصلية،[326] كما انتقدوا دعمَه

الائتلافَ العراقي الموحَّد عام 2005، ودعمَه العديد من رؤساء الوزراء، والفتوى الصادرة عام 2014 والتي أفضت إلى إنشاء قوات الحشد الشعبي، وتأييده العامَّ لتكريس الإسلام المحافظ في الدولة، بما في ذلك الدستور والتشريعات.

كما يرى الإصلاحيون والناشطون المدنيون أن السيد السيستاني بصفته الحامي للنظام السياسي الحالي كان عليه بذل المزيد من الجهد لدعم جهود الإصلاح، لا سيما رداً على احتجاجات تشرين الأول / أكتوبر 2019.

كما يزعم منتقدو دور السيد السيستاني السياسي أنه ساعد في قيام النظام السياسي الحالي في العراق، ثم عجز عن إجباره على الإصلاح؛ ولذا فإنه يتحمل بعض المسؤولية عن غياب الاستقرار في العراق. وفي النجف التي يحظى السيد السيستاني فيها باحترامٍ ودعمٍ واسعين يتساءل بعض رجال الدين سراً ما إذا كان يفرط في انخراطه في السياسة، بينما يطرح آخرون سؤالاً معاكساً حول قلة مشاركته فيها، أو عدم اتخاذه مواقف حاسمة بما يكفي. بل حتى أن بعض كبار السياسيين الشيعة ممن استفادوا من دور السيد السيستاني يرون أنه أفرط في انخراطه في السياسة وأن عليه التركيز على المسائل الدينية.[327]

أما النوع الثاني من الانتقادات بخصوص هيمنة السيد السيستاني على المرجعية فيركز على سيطرته على المراقد، إذ أدت سيطرته تلك إلى تهميش المراجع الأخرين، وجعلتِ السيد السيستاني أقوى مراجع عصره؛ بل كل العصور ربما؛ فقوّته تلك، فضلاً عن نصيب الأسد من الأتباع في العالم الشيعي، قوةٌ لا نظيرَ لها. إن تفوق السيد السيستاني بصفته مرجعاً قد وضعه لبعض الوقت في مستوىً يسمو على كل من سبقه من نظرائه من المراجع الأعلى. اذ يرى البعض أن هذا الأمر قد أوجد خللاً في المرجعية ووضع بين يدي السيد السيستاني وشبكته قدراً كبيراً من السلطة أكثر من اللازم،[328] والخوفُ يكمن في أن يؤدي تركيز السلطة والموارد هذا إلى زعزعة استقرار المرجعية بوصفها مؤسسةً، وجعل عملية الانتقال أكثرَ صعوبةً بعد وفاة السيد السيستاني إذ يتنافس عدة مراجع على خلافته. كما يساور البعضَ القلقُ من أن سلطة السيد السيستاني قد قلصت مساحة النقد

والمعارضة والآراء المختلفة والتقييم الموضوعي لأداء المرجعية.

أما النوع الثالث من الانتقادات الموجهة للسيد السيستاني فيركز على أنه لم يكن بالشخصية العامة ولا الزعيم الديني الذي يقود أتباعه عن قربٍ مثلما فعل أسلافه. كانتِ التوقعات أن يؤم السيد السيستاني للصلاة شخصياً، ويُدرّس فصولاً كبيرةً من الطلاب، ويزور المجتمعات، ويُلقي الخطبَ في المناسبات المهمة، ويكون أكثر قرباً من المسلمين الشيعة؛ غير أنه اختار تفويض هذه المهام إلى غيره، ويرجع ذلك جزئياً إلى عدم ارتياحه لمسألة الظهور والتحدث على الملأ، وكي تبدو المرجعية أكثرَ مؤسسيةً.

ربما كان لتفضيل السيد السيستاني العزلة مبررٌ إبان نظام صدام حسين، غير أن بعض النقاد يشعرون أن ما يحتاجه العراق في الوقت الحاضر مراجع أكثر ظهوراً وقرباً من الشعب؛ فغياب السيد السيستاني العام عن الحياة الاجتماعية في الحوزة، كالمناسبات الدينية والفعاليات المهمة كتشييع المراجع وكبار رجال الدين، قد يترك انطباعاً بعدم اكتراثه بذلك النوع من العلاقات. غير أن السيد السيستاني لم يبذل أي جهدٍ للرد على تلك الانتقادات، لكن اللافت أن نجله السيد محمد رضا كان أنشط اجتماعياً في السنوات القليلة الماضية.

قد لا يكون لهذا الانتقاد بالغُ التأثير على إرث السيد السيستاني، غير أن من المهم أن يعي المرء هذه الآراء لوضع مرجعيته في سياقها، والتنبّه إلى أن العراقيين ليسوا جميعاً أتباع أشداء للسيد السيستاني أو أنهم يتفقون مع أفعاله.

الزهد الشخصي

إنّ من جوانب إرث السيد السيستاني الجديرِ بمزيدٍ من الاهتمام هو زهده الشخصي الذي وقاه الانتقاداتِ التي طالت رجال الدين الآخرين، وخاصةً مَنِ انخرط منهم في السياسة؛ إذ لا يزال السيد السيستاني يرتدي ذاتَ العباءة التي كان يرتديها منذ عقودٍ خلت، ولا يملك أية ممتلكاتٍ، ويتبرع

بكل الهدايا التي يتلقاها[329]؛ ثم إنه أمضى جلّ حياته يستقبل الضيوف في منزله جالساً على الأرض، ولم يجلس على الكراسي إلا حين تَطلّب تقدمُه في السن تغييرَ مجلسه، ولا يزال منزله قليل الأثاث. كما طالب السيد السيستاني القضاءَ العراقي مراتٍ عدةً بإخلاء سبيل من أحيلوا للقضاء بتهمة إهانته بموجب قوانين التشهير العراقية وعفا عنهم. أضف إلى ذلك تقديره للتواضع وطلبه من كثيرٍ من المؤسسات، كالمدارس، تغييرَ أسمائها بعد تسميتها باسمه تكريماً له.[330] وذات مرةٍ، عندما دعا السيد السيستاني محافظَ النجف لتحسين الأمن في المدينة، طلب منه أن يبدأ بتفتيش منزله قبل منزل غيره بحثاً عن أسلحةٍ، كما لم يطلب من الحكومة العراقية قط أي شيءٍ لنفسه، ويطلب من عائلته وشبكته مراعاة جميع القوانين والأنظمة رغم استعداد الدولة لغض الطرف عن بعضها لما يحظى به من مكانةٍ؛ كما أنه لم ينشر مؤلفاته الخاصة، وطالب الأشخاص والمؤسسات مراراً بعدم استخدام صوره أو الترويج له.

وعندما سافر السيد السيستاني إلى لندن في آب / أغسطس 2004 لتلقي العلاج، أعطى ذلك لمزيدٍ من الناس فرصةً لملاحظة سلوكه وتصرفاته عن قربٍ،[331] فرفض لدى وصوله إلى شقةٍ فاخرةٍ بوسط لندن النوم في سريرٍ ذي أربعة أعمدةٍ لأنه لم يكن معتاداً على ذلك، واختار وضع ردائه على الأرض ونام عليه،[332] ومنح وقته لجميع الوفود والزوار الذين طلبوا رؤيته رغم مكوثه في المستشفى. وذات مرةٍ أدى خطأٌ إلى عدم وصول عشائه الخاص المطبوخ في المنزل في الليلة التي سبقت جراحة القلب التي أجراها في مستشفىً في غرب لندن، ففتح السيد السيستاني كيساً كان قد أحضره معه من النجف، وكان فيه كسر خبزٍ جافٍّ فأكلها؛ ولما سمع من النجف أخباراً كان يناقشها نجله مع آخرين، ولما علِمَ بعدد قتلى جيش المهدي التابع للسيد مقتدى الصدر، بكى وقال عن القتلى: "هؤلاء أبنائي." كما رفض السيد السيستاني حماية الشرطة ودعم حكومة المملكة المتحدة أثناء إقامته فيها، ورفض عرضاً قدّمه أمير الكويت جابر الأحمد الصباح، الذي كان في لندن لتلقي العلاج أيضاً، بدفع تكاليف المستشفى.

إن حفاظ السيد السيستاني على أسلوب حياته الزاهد رغم ما يحظى به

من سلطةٍ وموارِدَ هائلةٍ قد أكسبه حب العراقيين والأجانب، وعزز ثقة الناس به واستعدادهم للإصغاء إلى كلامه، ما جعله يحظى باحترامٍ عالميٍّ ليس لسواه أن يحظى به تقريباً. إن إعجاب العامة بأسلوب حياة السيد السيستاني المتقشف يتناقض مع المقت الشائع جداً لسلوك الساسة العراقيين الغارقين في البذخ والإسراف، بما في ذلك رجال دينٍ، سترتبط أسماؤهم بالفساد إلى الأبد.

أبناء السيد السيستاني

يمتد إرث السيد السيستاني إلى عائلته، ولا سيما من خلال نجليه السيد محمد رضا والسيد محمد باقر اللذين يحظيان بتقديرٍ كبيرٍ في النجف،[333] وكلاهما مجتهد وأستاذ في أكثر المراحل الدراسية تقدماً في الحوزة العلمية (المعروفة ببحث الخارج). كما أنهما يَسيران على خطى أبيهما واختارا زهده؛ فالسيد محمد رضا، تلميذ السيد الخوئي والسيد عليّ البهشتي والشيخ مرتضى البروجردي، درّس بحث الخارج منذ أيلول / سبتمبر 2003، وتجتذب دروسه أعداداً كبيرةً من الطلاب الذين نشر العديد منهم تقاريرَ مبنيةً على تلك الدروس، وتُظهر تلك التقاريرُ المستوى العالي من المهارة والعلم لدى السيد محمد رضا، ما أكسبه كثيراً من الثناء والتقدير. ويُعد كتابه الفقهي المؤلف من عشرة مجلداتٍ عن الحج أكبر مساهمةٍ من نوعها في العلوم الإسلامية الشيعية، كما أن هنالك الآن العشرات من كبار الاساتذة في حوزة النجف ممن تتلمذوا على يديه. وإن قدرته على تحقيق توازنٍ بين مسارٍ لامعٍ في الحوزة وإدارته مكتب أبيه، والتعامل مع كافة الضغوط وضيق الوقت الذي يمليه هذا الدور هي شهادةٌ على قدراته المميزة.

إن دور السيد محمد رضا في السياسة معروفٌ جيداً، فهو ينقل تعليماتِ والده ويكتب خطب الجمعة كما يمليها عليه ويجتمع بالسياسيين والوسطاء ويستقبل الرسائل ويرسلها نيابةً عن والده ويواكب المعلوماتِ والأحداثَ ويدير مكتبَه وشبكتَه. يرى بعض النقاد أن السيد محمد رضا يتصرف باستقلالٍ عن والده ولا يبقيه على اطلاعٍ دائمٍ، غير أني وجدتُ ذلك

منافياً للحقيقة، وكذلك كبارُ رجال الدين الآخرين في الحوزة ممن يعرفون السيد السيستاني عن كثبٍ،[334] فكل تصريحٍ وتعليقٍ يصدر باسم السيد السيستاني يُراجعه السيد السيستاني بنفسه، ثم إن السيد محمد رضا يتبع نهج والده في المشاركة العامة، وقد أشار إلى ذلك بنفسه رداً على سلسلةٍ من الأسئلة في شباط / فبراير 2004: "إنّ مكتب سماحة السيد لا يتعامل مع وسائل الإعلام إلا في حدود الضرورة، وفقاً للمنهج الذي رسمه له سماحة السيد."[335]

كما يقرأ السيد محمد رضا كل ما يُنشر عن والده، بما في ذلك المقالات باللغات الأجنبية، ويستخدم المنتدى المسائي اليومي (البرانيّ) في منزله لجمع المعلومات، ومناقشة الاستراتيجيات، وإيصال الرسائل. ووفقاً لمن تفاعلوا معه مطولاً، فهو ذكيٌّ جداً، وهمُّه الرئيسُ حمايةُ والده وإرثه. وبمرور الوقت لانت شخصيته وبات التواصل معه أسهل، غير أنه يظل رجلاً فطناً يقظاً وحذراً يراقب السياسة والنجف والمرجعية عن كثبٍ.

بعد عام 2003 تغيّر دور السيد محمد رضا في مرجعية والده تغيراً كبيراً، فقبل ذلك كانت شبكة السيد السيستاني في العراق مقيدةً بشدةً، وقد نُظمت معظم شؤون المرجعية خارج العراق من قبل صهر السيد السيستاني وممثله العام السيد جواد الشهرستاني، غير أن تغيير النظام أعاد السلطة إلى مكتب السيد السيستاني في النجف، فانتهز السيد محمد رضا الفرصة لتنظيم المكتب وتوسيع شبكته داخل العراق، وإضفاء الطابع الرسمي على علاقاته بالممثلين ورجال الدين المعتمدين لدى المكتب، وإنشاء مؤسساتٍ تحت رعاية المرجعية، والحرص على عدم تحدُّث أي شخصٍ باسم السيد السيستاني من خارج مكتبه؛ ويتّسم دوره في إدارة الحوزة والمراقد بأنه دورٌ مركزيٌّ للغاية، و يُدار مباشرةً من قبل مكتب السيد السيستاني، ممثلية والده الرسمي والتي يرأسها السيد محمد رضا.[336]

كما يشرف السيد محمد رضا على المؤسسة الدينية التي تتولى إدارة أئمة المساجد وتحصيل الحقوق الشرعية، وتُسمى مؤسسة المرتضى للثقافة والإرشاد، وأخرى لتدريب المبلغين، وهي مؤسسة الإرشاد

والتوجيه الديني؛ وكلتا الشبكتين أنشأها مكتبُ السيد السيستاني عام 2004، وتعد من أهم المؤسسات للتحكم في مرجعية السيد السيستاني وشبكته؛ ويديرها طلاب السيد محمد رضا وصحبه ودائرته الضيقة، فضلاً عن مؤسساتٍ كثيرةٍ أخرى.[337] ومنذ عام 2020 زاد السيد محمد رضا من تفاعلاته العامة بشكلٍ مطردٍ للتعويض عن قلة ظهور والده، وكذلك ليظهر استعداده تولي دورٍ أكبر في القيادة العامة.[338]

أما السيد محمد باقر، الابن الأصغر، فهو أستاذ مشهورٌ له عدة كتبٍ في العلوم الإسلامية، وينصبّ تركيزه على التدريس، ما يعني تخليه عن إدارة مكتب والده لصالح أخيه الأكبر؛ وقد وصفه لي بعض طلابه بأنه عالمٌ ورعٌ وروحانيٌّ للغاية، وأنه يمثل تجسيداً للجهد الذي بذله السيد السيستاني في تربية أبنائه. يشبه نهج السيد محمد باقر نهج والده من حيث تجنبه التجمعات العامة وتكريس جل وقته في البحث؛ ولا يعاني من ضغوط العمل العام التي يواجهها شقيقه الأكبر، ولذا فهو أقدر على السفر ومقابلة الناس نيابةً عن والده، وتأدية بعض الواجبات الدينية والالتزامات الاجتماعية التي تخفف العبء عن والده وأخيه.

كما أن أبناء السيد محمد رضا، السيد حسن (مواليد 1987)، السيد حسين (مواليد 1991)، السيد محسن (مواليد 2000)، وأبناء السيد محمد باقر، السيد أحمد (مواليد 1994) والسيد جعفر (مواليد 1998)، رجال دينٍ وصلوا إلى مراحلَ متقدمةٍ من الدراسات الحوزوية. ويحظى الخمسة جميعاً باحترام أساتذتهم، كما أنهم أنفسهم اساتذة في الحوزة العلمية. يُعد السيد حسن مجتهداً محتملاً في المستقبل، وقد بدأ ابنه الأكبر الدرس في الحوزة، وسيصبح أيضاً رجل دينٍ في المستقبل القريب؛ وبعضُ أحفاد السيد السيستاني الآخرين لبناته رجال دينٍ أيضاً، وله حفيدةٌ متزوجةٌ من حفيد السيد الخميني الذي انتقل إلى النجف عام 2018 لمواصلة درسه في الحوزة، وبذا سيحمل أبناء السيد السيستاني وأحفاده اسمه وقد يتولون أيضاً دوراً مهماً في مستقبل المرجعية.

المرجعية بعد السيد السيستاني

ثمة مخاوفُ وتساؤلاتٌ لها مبرراتُها حول مستقبل العراق ما بعد السيد السيستاني، وتتنوع هذه المخاوف ما بين مخاوف تتعلق بمن سيتقلد منصب المرجع الأعلى، إن وجد، وموقف المرجع التالي من السياسة، وكيف ستتطور المرجعية فيما تبقى من القرن الحادي والعشرين. في آب / أغسطس 2023 بلغ السيد السيستاني عامه الثالث والتسعين متجاوزاً بذلك عمر أستاذهُ السيد الخوئي، وله أطول مرجعيةٍ كبرى في التاريخ المعاصر؛ ولذا فإن تأثيره على وضع المرجعية ومؤسستها تأثيرٌ عميقٌ عمقاً يجعل من الصعب تصور خليفةٍ له ينافسه في نفوذه؛ وكثيراً ما ساعدت تدخلاته في السياسة العراقية في استقرار السفينة، حتى أن المرء لا يملك إلا أن يتساءل عن مدى السوء الذي كانت ستؤول إليه الأمور لولاه؛ ولذا فإن مجرد التفكير في فترة ما بعد وفاته يقض مضجع كثيرٍ من الناس.

عندما يُتوفى السيد السيستاني، سيكون ذلك أحد أهم الأحداث في تاريخ العراق الحديث، وستكون وفاته بمثابة نهاية فصلٍ من فصول عراق ما بعد عام 2003، رحيل شخصية ساعدت في تشكيل الدولة بشكلها الحاليّ، وزادت من هيبة المسلمين الشيعة في جميع أنحاء العالم، ولذا سيخرج ملايين العراقيين إلى الشوارع للمشاركة في تشييع جنازته، وستقيم له الدولة العراقية العزاء الرسمي، كما ستقدم حكوماتٌ أجنبيةٌ ومنظماتٌ دوليةٌ تعازيها بالسيد السيستاني لأنها ترى فيه رجلاً أبقى العراق موحداً بعد عام 2003. سيُدفن السيد السيستاني في مرقد الإمام علي حيث دُفن معلماه السيد الخوئي والشيخ حسين الحلي، فضلاً عن بعض أسلافه مثل المير داماد والمحقق الكركي (فقهاء شهيرون من العصر الصفوي). وستكون وفاته بمثابة رحيل عملاقٍ من عمالقة التاريخ العراقي، ونهايةَ فصلٍ مهمٍّ في تاريخ العراق والشيعة، وسيدخل سجلَّ المراجع بمكانةٍ أسطوريةٍ.

يرى البعض أن السيد السيستاني سيكون آخر مرجعٍ من نوعه من حيث دوره وسلطته، غير أنه لن يكون المرجع الأخير قطعاً.[339] قد لا يحظى خلفاء السيد السيستاني بذات النفوذ السياسي الذي يحظى به، وقد لا

ينخرطون في السياسة قدر انخراطه، غير أنهم سيحظون بسلطةٍ كبيرةٍ على المسلمين الشيعة في العراق والعالم وعلى المؤسسات الدينية في العراق وحوزة النجف؛ فمنذ زمن الإمام محمد الباقر (المتوفى عام 733) كان للشيعة رجالُ دينٍ ذوو سلطةٍ دينيةٍ، ومنذ وصول الشيخ الطوسي إلى النجف عام 1056، ولدت المدينة مراجعَ كان لهم تأثيرٌ كبيرٌ في العراق وخارجه.[340] إن إحياء الحوزة العلمية في المدينة منذ عام 2003 وعودة كثيرٍ من نخبة الاساتذة ضَمن أن المرشحين للمرجعية سيكونون من النجف.

إن احتمال انتقال المرجعية إلى قم مسألةٌ غير واردةٍ، فهي ستبقى في النجف، حتى لو تفوقت إيران على النجف في عدد المراجع الكبار بعد وفاة السيد السيستاني،[341] وثمة ثلاثة أسبابٍ رئيسةٍ لعدم انتقال المرجعية إلى قم. أولاً، على مر التاريخ ظلت النجف مقراً للسلطة الدينية الشيعية على مدى أغلب تاريخها، حتى عندما كان الأمر يتعلق بالشؤون في إيران، كالثورة الدستورية في العقد الأول من القرن العشرين. ثانياً، تفضل حوزة قم في العموم السلطةَ الدينية في النجف على ولاية الفقيه التابعة للدولة الإيرانية. ثالثاً، حتى لو لم تظهر في النجف مرجعيةٌ عليا، فإن السلطة الدينية على شيعة العراق لا يمكن أن تنبع من إيران، وخاصةً عندما يتعلق الأمر بالشؤون السياسية وإدارة المراقد والحوزة العلمية.[342]

كما أن حوزة النجف في أفضل أحوالها اليوم، إذ يبلغ عدد طلابها نحو 20 ألف طالبٍ وفيها أكثر من 100 مجتهدٍ، منهم 70 على الأقل يدرّسون أعلى مستوى من الفقه (بحث الخارج)،[343] وثمة أيضاً مرجعان آخران يحظيان باعترافٍ عالميٍّ إلى جانب السيد السيستاني: آية الله الشيخ محمد إسحاق الفياض (مواليد 1930) وآية الله الشيخ بشير حسين النجفي (مواليد 1942). كما يزعم عدة رجال دينٍ غيرهم بأنهم مراجع وقد يكون لديهم بعضُ الأتباع، غير أن مرجعيتهم لا تحظى باعترافٍ واسعٍ في النجف،[344] وقد يكون نجل السيد السيستاني السيد محمد رضا أكثرَ الناس أهليةً لخلافة والده، غير أن حوزة النجف تحظر بصورةٍ غير رسميةٍ توريث المرجعية من الأب إلى الابن،[345] ولذا فإن أبناء السيد السيستاني وأبناء المراجع الآخرين،

بمن فيهم السيد رياض الحكيم والسيد علي السبزواري، مستبعَدون أيضاً رغم تمتعهم بالمكانة والمؤهلات اللازمة.

ولغاية اللحظة ما من خيارٍ واضح المعالم لخليفة السيد السيستاني، بل سيعتمد الاختيار في جزءٍ منه على متى سيرحل السيد السيستاني، وعلى من سيبقى على قيد الحياة من كبار المراجع الآخرين في النجف. المعيار المقبول عموماً هو أن على المسلمين الشيعة اتباع أكثر المراجع علماً، لكن ما من خيارٍ يُجمع عليه الجميع بعد السيد السيستاني. الشيخ الفياض هو أحد الخلفاء المحتملين للسيد السيستاني رغم أنهما في ذات السن، ولذا قد لا يشغل المنصب لفترةٍ طويلةٍ، حتى لو وقع الاختيار عليه. وعند النظر إلى ما حدث بعد وفاة السيد الخوئي، فمن المرجح أن يحدث تغييرٌ جيليٌّ مماثلٌ يكون فيه خط المراجع التالي من جيلٍ أصغر من جيل السيد السيستاني. إن مرور بضع سنواتٍ دون بروز مرجعٍ أعلى معترفٍ به – إذ لا ضرورةَ أن يكون هنالك مرجعٌ أعلى – لن يكون بالأمر الغريب أو المفاجئ؛ أو قد يعني ذلك أيضاً فترةً لا يظل فيها المراجع طويلاً في المنصب قبل تعاقُب الجيلين؛ وهذه الفترة الانتقالية هي ما يثير قلق بعض المراقبين لأنها قد تكون فترة ضعفٍ للنجف، وقد يتخللها ضغوطٌ داخليةٌ وخارجيةٌ على الحوزة.

كما قد تشهد الفترة التي ستلي السيد السيستاني عودة ظهور المراجع المحليين وتعددَ المراجع الذين يحظى كلٌّ منهم بأتباعٍ مختلفين من الطائفة الشيعية. وعلى مر التاريخ كان هنالك كثيرٌ من المراجع المحليين ممن يعملون في وقتٍ واحدٍ، وكلٌّ منهم يقود منطقته الخاصة، وربما قللت العولمة من هذه الظاهرة، غير أن ظهور عدة مراجعَ محليين هو نتيجةٌ محتملةٌ في غياب مرجعٍ يمكنه أن يخلف السيد السيستاني بوصفه أكثرَ المراجع أتباعاً. هنالك بالفعل مراجعُ يحظون بأتباعٍ كثيرين من مناطقَ معينةٍ؛ ومنهم مثلاً الشيخ الفياض الذي يُعد مرجعاً للكثير من الشيعة الأفغان، فيما يحظى الشيخ النجفي بتأييدٍ قويٍّ في باكستان، وفي الماضي القريب كان آية الله السيد محمد حسين فضل الله (المتوفى عام 2010) مرجعاً للكثيرين في لبنان؛ وقد تتبع المجتمعات الشيعية في الخليج

مرجعاً بحرينياً أو سعودياً.[346] وفي أية حالٍ، فإن عدم وجود خليفةٍ واضحٍ ومباشرٍ للسيد السيستاني يزيد من احتمال ظهور مراجع محليين.

ومن بين الجيل التالي من المراجع المحتملين في النجف، ثمة حالياً متنافسان رئيسان: آية الله الشيخ محمد هادي آل راضي وآية الله الشيخ محمد باقر الإيرواني (كلاهما ولد عام 1949) اللذان يحظيان باحترامٍ واسع النطاق، وهما من تلاميذ السيد السيستاني، وهما سمتان تجعلهما مرشحين قويين.[347] كما يحظى آية الله السيد محمد جعفر الحكيم (مواليد 1942) وآية الله الشيخ حسن الجواهري (مواليد 1949) باحترامٍ كبيرٍ، ومن الممكن أن يصبحا مرجعين أو قد يدعمان مرشحين آخرين دعماً حاسماً. ومهما كان الأمر، لا ريبَ أن ثمة عاملين سيحددان من سيقع عليه الاختيار: تقييم مدى التزام المرشح بنهج السيد السيستاني تجاه المرجعية، ونفوذ كبار علماء الحوزة العلمية.

ونظراً لتميُّز مرجعية السيد السيستاني، فإن من المستبعَد أن يكون المرجع الأعلى التالي في النجف من قالبٍ مختلفٍ تماماً، وسيتعين على جيل المراجع القادم أن يسير على خطى السيد السيستاني وأن يتبنى نهجَه إزاء المرجعية كي يحظى بالقبول. عاش السيد السيستاني في فترة انتقالية ورسم ملامحها، وقد غيّرت هذه الفترة مصير الشيعة في العراق، كما خلقت مرجعيته نموذجاً لمن سيخلفه، نموذجاً سيكون معياراً للحكم عليهم. قد لا يسير خلفاؤه على خطاه، غير أن عليهم أن يتصرفوا ضمن حدود هذا النموذج الناجح إنْ أرادوا أن يصبحوا من كبار المراجع في النجف، أو أراد أحدهم أن يصبح المرجع الأعلى؛ فاتباع نموذج السيد السيستاني سيضمن للمرشحين لمنصب المرجعية القدرة على تحمل أعباء المنصب في سياق التحديات التي يواجهها كلٌّ من العراق وعموم العالم، وسيكون إرث السيد السيستاني هذا أهمَّ عاملٍ في تحديد هوية المراجع المقبلين، كما سيكون الالتزام به شرطَ قبولهم في حوزة النجف. قد يرى البعض أن هذا الإرث يمثل معياراً مستحيلاً في علوّه، غير أن خلفاء السيد السيستاني لن يحتاجوا إلى محاكاة السيد السيستاني في دورهم السياسي تمامَ المحاكاة، بل ينبغي ألا يحاولوا تقليده، وربما سيتعين عليهم تبني نهجٍ أكثر

حذراً وانسجاماً مع الدور التقليدي للمراجع؛ فنموذج السيد السيستاني يبيّن مَن مِن الناس لا يمكنه أن يغدوَ مرجعاً، لكنه لا يُثقل كاهل خلفائه بالتوقعات السياسية.

من شبه المؤكد أن يجري اختيار المرجع الأعلى القادم من قبل كبار علماء النجف ممن يدرّسون مرحلة بحث الخارج، وممن لديهم أكبر عددٍ من الطلاب، ويحظون بأكبر تأثيرٍ بين الشريحة المهمة من الطلاب والأتباع،[348] فهذه الكتلة هي التي ساعدت السيد السيستاني في الوصول إلى المنصب بعد السيد الخوئي، وساعدتِ السيد الخوئي في خلافة السيد الحكيم؛ وسيقدمون دعمهم للمرجع الذي يرون أنه الأكثر علماً أو الذي ينبغي اتباعه، وسيخلقون زخماً لأحد المراجع لتولي هذا المنصب؛ ومن أهم علماء هذه المجموعة هو نجل السيد السيستاني السيد محمد رضا الذي قد يحاكي أسلافه السيد يوسف الحكيم (الابن الأكبر للسيد محسن الحكيم الذي أدار أيضاً مكتب والده، ووجّه الناس لاتباع السيد الخوئي بعد وفاة والده) والسيد محمد تقي الخوئي في توجيه أتباع والده مباشرةً إلى اتباع المرجع الأعلى التالي، أو قد يستخدم السيد محمد رضا نفوذه الكبير بين المجتهدين وأهل الخبرة لبناء الزخم لخليفة السيد السيستاني القادم بعد حين.

وقد يحاول السيد السيستاني نفسُه الكشف عن خليفته المفضل، غير أنه سيفعل ذلك بصورةٍ غير مباشرةٍ كي لا يرى أحدٌ في المرجعية على أنها شيءٌ يوهَبَ أو يُورَّث.

الحاجة إلى التطور

يمكن القول إن المرجعية اليومَ باتت أقوى من أي وقتٍ مضى من حيث عدد أتباعها ونفوذها وازدهارها وشبكاتها؛ وإن السيطرة على العتبات والإشرافَ على الوقف الشيعي يعني أن النجف ستصبح أقوى في المستقبل بفعل زيادة مواردها والنمو المطرد لأعداد طلابها فضلاً عن زيادة هيبتها واستقلالها عن الدولة، ما يمنحها ميزةً مقارنةً بالحوزات الأخرى.

لكن المرجعية يجب أن تتطور، وعلى الجيل القادم من المراجع أن يواصل التحديث، وأن يتفاعل مع الناس ويكون أكثر تواصلاً معهم من السيد السيستاني بالنظر إلى الاستياء الكبير من الإسلامويين في المشهد السياسي العراقي اليوم. لكن لا يزال غالبية العراقيين متدينين ومحافظين، ولا تزال المرجعية تحظى بالاحترام والأهمية؛ لكن المرجعية إن أرادت الاحتفاظ بمكانتها تلك بعد رحيل السيد السيستاني، فعليها أن تتبنى أدواتٍ حديثةً تتواصل من خلالها مع أتباعها، والحفاظ في الوقت نفسه على مسافةٍ ما من السياسة والمساهمة إيجابياً في المجتمع. ولغاية اليوم أظهرتِ المرجعية أنها تتحلى بتلك القدرة على التكيف، فالمشاريعُ التي نفذتها المراقد، ولا سيما مراقد كربلاء، قدّمت رؤيةً ذات مصداقيةٍ لدور المرجعية وتأثيرها. ورغم تراجع التدين والثقة في الزعماء الدينيين في العراق، بنت المرجعية أساساً لتكبير نواة أتباعها؛ فباستفادة مزيدٍ من الأسر من الخدمات التي تقدمها، كالرعاية الصحية والتعليم، تصبح هذه الأسر مؤيدةً لعمل المرجعية وذلك في تناقضٍ صارخٍ مع علاقتها بالسياسيين الذين لم يوفوا بأيٍّ من الوعود التي قدموها للشعب.

التحكم بالموارد

استخدم المراجع الحقوق الشرعية، ومعظمها من الخمس (وهي ضريبةٌ قدرها 20 في المئة على الثروة) التي يجمعونها من أتباعهم لتمويل الحوزات (بما في ذلك رواتب الطلاب)، وبناء المساجد والمدارس الدينية، والحفاظ على عمل المرجعية على مر التاريخ؛ فجبايةُ الخمس وإدارة الرواتب والأوقاف والمراقد الدينية والممتلكات والثروات الأخرى هي عواملُ رئيسةٌ في قوة المرجعية.

إن كبار المراجع هم من بإمكانه التحكم بصورةٍ أكبر بهذه الموارد؛ وقد سمح تغيير النظام في العراق عام 2003 للمرجعية، التي كانت تابعةً للسيد السيستاني تبعيةً شبه حصريةٍ، بإعادة تكريس سيطرتها على المراقد الدينية وتأثيرها الكبير على الأوقاف الشيعية. ثم استثمرت المرجعية الأموال التي تجبيها من هذه المؤسسات في الشركات

والمشاريع التي تدر الآن مئات ملايين الدولارات سنوياً، وهذه الإيرادات تفوق كثيراً في حجمها المستحقات الدينية التي يجري تحصيلها، ما يعني أن المرجعية لم تعد تعتمد على الأتباع والمؤمنين في دعمها ودعم الحوزة. وقد مكّن هذا الاستقرار المالي المرجعية من توسيع نطاق وجودها في العراق وتوفير مصادر دخلٍ مضمونةٍ للمستقبل وتحديث المؤسسات الدينية.

تضمن موارد المرجعية استمرار استقلالها عن الحكومة، ومقاومة استمالتها من قبل قوىً داخليةٍ أو خارجيةٍ؛ فالاستقلال المالي سيزيد قوة المرجعية وتأثيرها في العراق وخارجه. واليوم تدير العتباتُ المقدسة المستشفياتِ والمدارسَ والجامعاتِ والمصانعَ، وتشارك في إدارة المياه والبناء ومطار كربلاء الجديد وقطاعاتٍ أخرى في عدة محافظاتٍ؛ ومن شأن تقديم مزيدٍ من الخدمات للشعب مباشرةً أن يعزز من مكانة المرجعية؛ كما قد تتوسع العتبات في المستقبل إلى قطاعاتٍ أخرى، كالمصارف مثلاً، فتغدو مكوناً رئيساً في اقتصاد العراق.[349]

الحوزة

في السنوات التي تلتِ الإطاحةَ بالنظام السابق ومنحت حوزةَ النجف مساحةً للنمو مجدداً، كان تغير وضع طلاب الحوزة العلمية واحداً من القضايا التي طفت على السطح؛ فهل ستوافق المرجعية على خطةٍ لزيادة المأسسة وإيلاء الوقف الشيعي دوراً أكبر في شؤون العتبات والحوزات العلمية؟ كان ثمة اقتراحٌ بزيادة رواتب الطلاب إلى مستويات رواتب موظفي القطاع العام، غير أن السيد السيستاني رفض الفكرةَ خشية استيلاء الدولة على الحوزة وتقويض استقلال المرجعية؛ وأصر على أن يأتي الطلاب إلى الحوزة طلباً للعلم لا بحثاً عن عملٍ، وأن يتقاضوا رواتب تعادل الحد الأدنى مما يتقاضاه المستفيدون من الرعاية الاجتماعية،[350] ولا يزال هذا الوضع قائماً حتى يومنا هذا، إذ يتقاضى الطلاب 125 ألف دينارٍ عراقيٍّ شهرياً (ما يعادل 85 دولاراً تقريباً) من مكتب السيد السيستاني.[351]

وفي الوقت نفسه أنجزتِ المرجعية مشاريعَ عديدةً منها الإسكان والمستشفيات والمدارس التي تُقدم الخدمات لطلاب الحوزة مجاناً أو بتكاليف مخفضةٍ، ما يخفف من أعبائهم المالية؛ ولذا فإن الطلاب مطمئنون إلى إمكانية الوصول إلى الخدمات رغم ضآلة ما يتقاضونه من الرواتب، ما يعني أنهم لا يعتمدون على مصادر دخلٍ أخرى ولن ينجذبوا كذلك إلى مهنة رجال الدين كوسيلةٍ لجمع الثروة.

وفي الختام يبدو مستقبل المرجعية بوصفها مؤسسةً آمناً، واليوم تبدو الحوزة العلمية مستقرةً أكثر من أي وقتٍ مضى، كما أن هنالك عدة مرشحين من ذوي المصداقية ممن قد يصبحون مراجع في المستقبل، لكن في الوقت نفسه لا يُتوقَّع من مراجع المستقبل أن يحظَوا بما حظي به السيد السيستاني من قوةٍ ونفوذٍ سياسيين.

وقد لا نرى أبداً مرجعاً آخر كالسيد السيستاني الذي يحظى بقدرٍ كبيرٍ من السلطة غير الرسمية، وله تأثيرٌ كبيرٌ في السياسة، لكنه لا يزال خارج الحياة العامة، على عكس أسلافه وأقرانه؛ وإن هذه القدرة على التأثير في الأحداث، وخاصةً في العراق، والنأي عن الانخراط المباشر هو ما يجعل السيد السيستاني فريداً؛ كما أن دعوته إلى إقامة دولةٍ مدنيةٍ على أساس الديمقراطية البرلمانية، إلى جانب سياسته المتمثلة في تدخل المرجعية المحدود، تجعل منه أحد أهم المراجع في التاريخ؛ وربما آخرَ العظماء، أو على حد تعبير الباحث عبد الله فيصل الربح: "آخر الأساطير، وآخر مرجعٍ أعلى عابرٍ للحدود الوطنية يحظى باعتراف غالبية المسلمين الشيعة، ويملك قوة الفتوى للتأثير على المنطقة بأكملها."[352]

وأياً كان ما يحمله المستقبل للنجف، يظل دور السيد السيستاني بصفته مرجعاً دوراً لا نظير له، ومن الصعب تخيل أن يمارس أحدٌ ذاتَ الدور الذي يمارسه السيد السيستاني في المستقبل القريب.

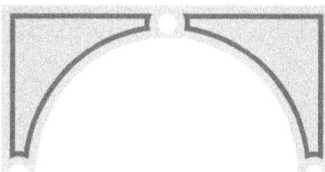

ملاحظات

1 انظر على سبيل المثال عباس كاظم، استعادة العراق: ثورة العشرين وتأسيس الدولة الحديثة (أوستن: دار نشر جامعة تكساس، 2012).

2 السيد السيستاني إيرانيٌّ من أصلٍ عربيٍّ. في معظم تاريخ الإسلام الشيعي، كان غير العرب وغير العراقيين هم الأغلبية، وبالتالي فمن الطبيعي أن يكون كثيرٌ من المراجع ورجال الدين في الحوزة من غير العراقيين أيضاً.

3 على سبيل المثال، الميرزا الشيرازي عن القوى الاقتصادية للدولة، و الآخوند الخراساني عن الدستورية، والسيد محسن الحكيم عن الشيوعية، والسيد محمد باقر الصدر عن البعث، والسيد روح الله الخميني عن الحكومة الإسلامية؛ انظر جودت القزويني، «المؤسسة الدينية في المذهب الشيعي الإثني عشري: دراسة في التطور العلمي والسياسي» (رسالة دكتوراه، كلية الدراسات الشرقية والإفريقية، 1997).

4 انظر ماكس فيبر، الاقتصاد والمجتمع (بيركلي: دار نشر جامعة كاليفورنيا، 2013، نُشرت في الأصل عام 1921).

5 انظر بيير بورديو، «أشكال رأس المال» في دليل النظرية والبحث في علم اجتماع التعليم، حرر بواسطة ريتشاردسون (نيويورك: غرينوود، 1986)، 241–58، متاح على الرابط التالي:
https//:www.marxists.org/reference/subject/philosophy/works/fr/bourdieu-forms-capital.htm

6 توبى دودج، «بورديو يذهب إلى بغداد؛ شرح الهويات السياسية الهجينة في العراق»، علم الاجتماع التاريخي 31، العدد. 1 (2018): 25-38.

7 انظر جيمس بيل وجون ألدن ويليامز، الروم الكاثوليك والمسلمون الشيعة: الصلاة والعاطفة والسياسة (تشابل هيل: دار نشر جامعة نورث كارولينا، 2002) وفالي نصر، إحياء المذهب الشيعي: كيف ستشكل الصراعات داخل الإسلام المستقبل (نيويورك: نورتون، 2006).

8 انظر عبد العزيز عبد الحسين ساشدينا، الحاكم العادل في الإسلام الشيعي (نيويورك: دار نشر جامعة أكسفورد، 1988)، حميد مافاني، السلطة الدينية والفكر السياسي في الشيعة الاثني عشرية (نيويورك: روتليدج، 2013)، محمد كلانتري، رجال الدين والشرق الأوسط الحديث (لندن: آي بي توريس، 2022)، أحمد كاظمي موسوي، «الصراع على السلطة في المجتمع الشيعي في القرن التاسع عشر» (رسالة دكتوراه، جامعة ماكجيل، 1991)، ليندا والبريدج «أعلامُ الشيعة» (نيويورك: دار نشر جامعة أكسفورد، 2001).

9 على الرغم من أنه يمكن القول بأن تصريحاته وأحكامه (بما في ذلك وجوده على شبكة الإنترنت) هي شكلٌ من أشكال التعبير المنشور عن آرائه السياسية.

10 "السيرة الذاتية"، الموقع الرسمي لمكتب سماحة السيد علي الحسيني السيستاني https:// /www.sistani.org/english/data/2.

11 يُعرف غالبية المسلمين الشيعة بالإثني عشرية أو الإمامية لأنهم يؤمنون باثني عشر إماماً بعد النبي محمد، وأن الإمام المهدي، الإمام الثاني عشر، محتجبٌ منذ أكثر من ألف عامٍ، وعودته النهائية ستسبق آخر الزمان. الإشارات إلى الشيعة في هذا العمل هي إلى الاثني عشرية.

12 مافاني، السلطة الدينية والفكر السياسي في المذهب الشيعي الإثني عشري، ص١٣٩.

13 إنْ كان مصطلح المرجع جديداً نسبياً، فإن دور الفقيه في المذهب الشيعي ليس كذلك. في القرن الثامن عشر، كان انتصار المدرسة الأصولية في المذهب الشيعي على المدرسة الإخبارية تطوراً رئيساً سبق المرجعية الحديثة. انظر روبرت غليف، الإسلام الكتابي: تاريخ ومذاهب المدرسة الإخبارية الشيعية (ليدن: بريل، 2007).

14 وأول من وضع أسس ذلك هو السيد محمد مهدي الطباطبائي (توفي سنة 1798) المعروف ببحر العلوم، وهو الذي نظم ووزع المناصب القيادية المختلفة للحوزة العلمية على طلابه؛ وكان أول من أوجب اتباع المجتهد الأكثر علماً، وبالتالي إضفاء الطابع الرسمي على فكرة المرجع الأعلى، هو الشيخ مرتضى الأنصاري (توفي سنة 1864). انظر زاكري ميرزا هيرن، «عليك أن تتبع أعلم رجل دينٍ حيٍّ: إعادة تعريف الشريعة والسلطة الإسلامية في المذهب الشيعي الأصولي»، مجلة الدراسات الإسلامية الشيعية 7، رقم. 3 (2014): 321-44.

15 القزويني، «المؤسسة الدينية في المذهب الشيعي الاثني عشري».

16 مافاني، السلطة الدينية والفكر السياسي في المذهب الشيعي الاثني عشري، ص١٤.

17 تاريخياً سُجلت تواريخ وفاة معظم رجال الدين الشيعة والإبلاغ عنها بدقةٍ، بينما لم تُسجل تواريخ ميلادهم بنفس الدقة. باستثناء رجال الدين الأحياء والحديثين، يواصل هذا الكتاب العمل بهذا التقليد.

18 مافاني، السلطة الدينية والفكر السياسي في المذهب الشيعي الاثني عشري، ص15.

19 كلانتري، رجال الدين والشرق الأوسط الحديث، ص4

20 كما أن المفهوم العام لولاية الفقيه مقبولٌ عند المدرسة النجفية، ويختلفون في مداه وتطبيقه وشروطه، ويشير مصطلح المطلقة إلى السلطة المطلقة، وهو ما يميز الرأيين.

21 على غرار البابا أو غيره من الشخصيات الدينية الأرثوذكسية.

22 بُذلت جهودٌ عديدةٌ لفرض المزيد من السيطرة على الحوزة، على سبيل المثال قضية وقف (او خيرية) اوده التي تولى البريطانيون إدارتها. انظر مئير ليتفاك، «تلاعبٌ فاشلٌ: البريطانيون، وقف اوده وعلماء الشيعة في النجف وكربلاء»، المجلة البريطانية لدراسات الشرق الأوسط 27، رقم. 1 (2000): 69-89.

23 والمجتهد هو رجل دينٍ خبيرٌ وصل إلى مرحلة الاجتهاد، أي أتقن العلوم الإسلامية، وبات قادراً على استنباط الأحكام الفقهية من المصادر. يدرّس المجتهدون البحث الخارج، وهو أعلى مرحلة في الحوزة العلمية، والتي لا تعتمد على نصٍّ محددٍ حيث يعرض الاستاذ آراءه القاطعة في الفقه ويدافع عنها.

24 سجاد رضوي، «صناعة المرجع: المرجعية الدينية السيستانية والشيعية في العصر الراهن»، علم اجتماع الإسلام، ٦، العدد. 2 (حزيران / يونيو 2018): 170.

25 يفتح المرجع مكتباً للعامة للرد على استفساراتهم وتحصيل المستحقات الدينية، وإصدار البيانات، ونشر الأعمال الفقهية، واستخدام الطلاب والشبكات العلمائية لتوزيع الرواتب، وإدارة الأوقاف والمشاريع الخيرية، وبشكلٍ عامٍّ لترسيخ مكانته.

26 على سبيل المثال، كان سلفا السيد السيستاني المباشران، الحكيم والخوئي، يعطيان الدروس للملأ حتى وفاتهما، وكانا يظهران بانتظامٍ في الأماكن العامة وأثناء زيارة العتبات المقدسة، ويفتتحان مشاريع خيريةً شخصياً، ويشاركان بشكلٍ واسعٍ في الحياة الاجتماعية للحوزة العلمية.

27 يقرأ السيد السيستاني جميع تقريرات البرلمان الإيراني، ويراجع كتابات أهم المفكرين والعلماء الذين ظهروا في إيران.

28 إلفير كوربوز، «المرجعية النجفية في عصر الولي الفقيه في إيران: هل يمكنها المقاومة؟»، مشروع العلوم السياسية في الشرق الأوسط، http://pomeps.org/the-najafi-marjaiyya-in-the-age-of-irans-vali-ye-faqih-guardian-jurist-can-it-resist

29 انظر كلانتري، رجال الدين والشرق الأوسط الحديث؛ ومافاني، السلطة الدينية والفكر السياسي في المذهب الشيعي الاثني عشري، للمزيد عن السلطة الدينية الشيعية في القرن العشرين.

30 تنحدر أسرة السيستاني من الفرع المرعشي للسادة الحسينيين (أشجار الأسرة متوفرةٌ في مكتبات كربلاء وقم وطهران ومشهد). الجد الأعلى للأسرة هو الإمام الحسين ابن الإمام علي؛ ويتصل نسبها به من خلال ابنه الإمام علي زين العابدين، ثم ابنه حسين الأصغر الذي قُتل في المدينة المنورة، والذي فر أحفاده بعد ذلك من شبه الجزيرة العربية ليستقروا أولاً في الشام وجنوب تركيا (في مدينة كهرمان مرعش، ومن هنا جاء اسم المرعشي)، ثم في شمال إيران على ساحل بحر قزوين، وخاصةً في جرجان وطبرستان، ثم في أصفهان. وتفتخر عائلة السيستاني بنسبها؛ إذ بين السيد علي السيستاني والإمام الحسين ستة وثلاثون سلفاً، أغلبهم من الزعماء ورجال الدين، كما أن العائلة استخدمت لقب مجتهدي في التاريخ الحديث، ما يعكس مكانة أسلافها المجتهدين.

31 كان جد السيد السيستاني رجل دينٍ يحظى باحترام بالغ، وهو تلميذ الميرزا الشيرازي، ثم السيد إسماعيل الصدر، ومعاصر الآخوند الخراساني والميرزا النائيني الذي اختلف معهم حول طبيعة الحركة الدستورية في إيران، والذي اعتقل في مشهد بسبب آرائه النقدية. وقد تنبأ وفقاً لإحدى الروايات أن حفيده سيصبح مرجعاً؛ ودُفن على يمين مدخل مرقد الإمام الرضا في مشهد.

32 ظهرت قصةٌ تتعلق بوالد السيد السيستاني بعد وفاته رغم أن عائلة السيستاني لم تروج لها كثيراً؛ ويبدو أن السيد محمد باقر السيستاني دعا الله فاستجاب له أن يلقى الإمامَ الغائب الثاني عشر المهدي، حيث كان الإمام يستعد للصلاة ولدفن امرأة اختارت أن تظل حبيسة دارها لسبع سنين بعد حظر النظام البهلوي للحجاب ؛ ولعل لهذه القصة تأثيرها على مكانة السيد علي السيستاني في ظل نظام صدام حسين، كما سنرى لاحقاً.

33 تقليدياً تحرص العائلات الدينية حرصاً كبيراً على الخصوصية، خاصةً فيما يتعلق بالنساء في أسرهن، ولهذا السبب لا تُذكر أسماء النساء في أسرهن علناً، بما في ذلك في السير الذاتية الرسمية.

34 لا تزال عائلته الموسعة وأقاربه في مشهد و بعضهم يقيم أيضاً في قم.

35 السيد السيستاني هو وريث أعمال جده ومكتبته، بالإضافة إلى احتفاظه ببعض أعمال وتذكارات الميرزا الشيرازي عن طريق والد زوجته.

36 عبد العظيم المهتدي البحراني، قصصٌ وخواطر من اخلاقيات رجال الدين (بالعربية)، (بيروت: مؤسسة البلاغ، 2009)، 418. كان الميرزا الأصفهاني مؤسس المدرسة التفكيكية في الفكر الإسلامي (لا علاقة له بمدرسة جاك دريدا). يروي السيد السيستاني في تلك التجربة أنه تعلم أهمية التواضع كطالبٍ.

37 للمزيد عن أساتذته في مشهد، راجع الموقع الرسمي لمكتب سماحة السيد علي الحسيني السيستاني "السيرة الذاتية".

38 كان السيد البروجردي يكنّ تقديراً عالياً للسيد السيستاني. انظر باباك رحيمي، «آية الله السيستاني وإرساء الديمقراطية في عراق ما بعد البعث»، USIP، 4، https://www.usip.org/sites/default/files/sr187.pdf و»السيد السيستاني في مجلس درس السيد البروجردي – السيد المددي»، مرفوع على قناة يوتيوب مجموعة الصراط (user-ej3ov2bk4h@) في 25 تموز/يوليو، 2020، https://www.youtube.com/watch?v=o61rJCEX9es ويعطي المصدر الأخير مصداقيةً أكبر لكون السيد السيستاني مجتهداً قبل وصوله إلى النجف.

39 اعتمد السيد البروجردي منهجيةً ركزت تركيزاً أكبر على روايات الأئمة لاستنباط الأحكام الفقهية، إلى جانب التدقيق الشديد في الرواة ونقل الروايات. تعتمد منهجية السيد السيستاني الفقهية على منهج السيد البروجردي، ما يجعله عموماً فقيهاً محافظاً أكثر من أقرانه.

40 لمزيدٍ من المعلومات عن بروجردي، راجع محمد جواد اردلان «حياة وعمل آية الله العظمى في السياق التاريخي» (رسالة دكتوراه، كلية سانت أنتوني، 2013).

41 وفقاً لأحد المصادر كان السيد السيستاني الشاب يحضر محاضرات السيد الخميني في الفلسفة في قم لستة أشهرٍ، ويلتقي به بانتظامٍ عندما يأتي إلى النجف. وانظر أيضاً أحمد علي الحلي، «السيد السيستاني والشهيد الصدر»، 22 نيسان/أبريل 2021، http://ijtihadnet.net/السيد-السيستاني-دام-ظله-والشهيد-الصدر/

42 جون ل. إسبوزيتو، الإسلام والسياسة (سيراكيوز: جامعة سيراكيوز، 1998)، 128. في عام 1952 علق السيد الخميني العلاقات مع السيد بروجردي حتى وفاة الأخير في عام 1961.

43 كما أن تحديث المرجعية وتعزيزها على يد السيد البروجردي ساهم في إثراء وجهة نظر السيد السيستاني فيما بعد عام 2003 بمرجعيته الخاصة.

44 لا تزال الغرفة التي مكث فيها لبضع سنواتٍ قيد الاستخدام. انتقل السيد السيستاني بعد زواجه إلى الكوفة واستأجر فيما بعد منزلاً صغيراً في محلة البراق بالمدينة القديمة في النجف والذي لا يزال منزله حتى اليوم. وهو منزلٌ مساحته 70 متراً مربعاً، مستأجرٌ منذ عام 1970 من عائلة شبر التي تدير الوقف الذي يعد البيت جزءاً منه، بكلفة 600 ألف دينارٍ عراقيٍّ شهرياً (نحو 475 دولاراً). انظر «تعرف على تكلفة إيجار بيت السيستاني»، سكاي برس، 23 نيسان/أبريل 2016، http://www.skypressiq.net/2016/08/23/تعرف-على-كلفة-ايجار-منزل-السيستاني.

45 تعليقٌ للمؤلف، لندن، 2008. والدليل على ذلك رسالةٌ كتبها العالم البارز السيد علي البهبهاني في منتصف عام 1951 إلى السيد السيستاني وهو لا يزال في قم يشيد بذكائه، بعد مناظرةٍ بالمراسلة بينهما في المسائل الفقهية، انظر السيرة الرسمية للسيد السيستاني على موقعه الإلكتروني.

46 كان ذا شهيةٍ واسعةٍ للتعلم بحث عن خيرة المعلمين في مجموعةٍ متنوعةٍ من المواضيع خارج الفصول الدراسية الرسمية، بما في ذلك السيد حسن البجنوردي (ت. 1975).

47 بنى السيد السيستاني مدرسة علميةً في النجف تكريماً للحلي. انظر «مدرسة آية الله الشيخ حسين الحلي للعلوم الدينية – النجف الأشرف»، الموقع الرسمي لمكتب سماحة السيد علي الحسيني السيستاني، https://www.sistani.org/arabic/social-service/26485/

48 صدر آخر في علوم الحديث والرجال عن آغا بزرك (المتوفى سنة 1970). انظر السيرة الذاتية الرسمية للسيد السيستاني. شهادات الاجتهاد نادرةٌ لأنها لم تكن قط شرطاً رسمياً للمجتهد، رغم أنها تساعد في اكتساب الاعتراف العام، وفي العصر الحديث تساعد على التمييز بين المجتهدين المعترف بهم في الحوزة ومن يدعون الاجتهاد دون أن يُعتبروا مجتهدين.

49 يبدو أن السيد السيستاني افتقد الأجواء العلمية في النجف الذي تفوق على الحوزة العلمية الأصغر في مشهد، وقد شجعه أحد أساتذته، وهو آية الله السيد الحكيم، على العودة الى النجف بأن كتب له رسالةً يطلب منه العودة إلى النجف. انظر عبد الهادي الحكيم، النجف الأشرف وحوزتها (كربلاء: دار الكفيل، 2018، بالعربية)، المجلد الأول. 5، 186.

50 انظر روي ب. متحدة، «منهج الحوزة النجفية»، مجلة الجمعية الملكية الآسيوية 26، رقم. 1-2 (2016): 341-51 للحصول على تفاصيل حول مراحل الحوزة.

51 كان يرغب في البقاء مثل أستاذه آية الله الحلي، إذ نقلت عنه بعض الروايات أنه لم يكن يرغب في أن يصبح مرجعاً، وأنه يستطيع أن يعيش الحياة البسيطة، ويكرس نفسه للتدريس مثل الحلي.

52 «السيد أبو القاسم الخوئي»، مكتبة الروضة الحيدرية، https://www.haydarya.com/?id=149

53 كانت دروسه باللغة الفارسية (بعد آب / أغسطس 1992، باللغة العربية)، وحضرتها مجموعاتٌ صغيرةٌ من حوالي ثلاثين طالباً، وكان أسلوب تدريسه مكثفاً حيث استمرت بعض الدورات لأكثر من عقدٍ من الزمن. التسجيلات الصوتية لمعظم دروسه متوفرةٌ في النجف. للحصول على وصفٍ لأسلوب تدريس السيد السيستاني، انظر هذه المقابلة المترجمة مع أحد طلابه، علي التيموري، «يختلف منهج آية الله السيستاني عن منهج آية الله الخوئي»، شبكة الجهاد، 26 أيلول / سبتمبر 2020،
http://ijtihadnet.com/ayatollah-sistanis-doctrine-differs-ayatollah-khoeis-one .

54 يمقت السيد السيستاني الشهرة، ولا يرغب بنشر مؤلفاته.

55 الحكيم، النجف الاشرف، ج2. 5، 188-9.

56 انظر عباس كاظم، «الحوزة تحت الحصار: دراسةٌ في أرشيف حزب البعث»، معهد الدراسات العراقية في جامعة بوسطن، أوراقٌ عرضيةٌ رقم. 1 حزيران/يونيو 2013؛ ومارسين ر. الشمري، «أنبياء وكهنة: الزعماء الدينيون والاحتجاج في العراق» (رسالة دكتوراه، معهد ماساتشوستس للتكنولوجيا، 2020).

57 رغم مكانة السيد الخوئي، لم يتمكن من منع هذه الإعدامات، رغم تقديمه التماساً شخصياً إلى النظام للإفراج عن كبار رجال الدين الذين لم يكونوا سياسيين بشكلٍ علنيٍّ، كمحمد تقي الجواهري ومحمد تقي الجلالي.

58 اعتبر أفراد الأسرة وفاته مشبوهةً لأنها حدثت بعد زيارة المستشفى بوقتٍ قصيرٍ.

59 في وقتٍ مبكرٍ لوحظ أن السيد السيستاني منغمسٌ في أبحاثه وبعيدٌ اجتماعياً إلى حدٍّ ما. واقتصرت تفاعلاته الاجتماعية على الحلقات الحوزوية، وكان يختلف في دروسه مع بعض آراء السيد الخوئي، وهو أمرٌ نادر الحدوث. لكنه كان يمتلك سماتٍ مهمةً وحيويةً من سمات المراجع، وقد لوحظ ذلك في وقتٍ مبكرٍ. انظر، على سبيل المثال، هذا التنبؤ لآية الله السيد الصدر في أوائل السبعينيات. «نظرة الشهيد محمد باقر الصدر لمستقبل السيد السيستاني»، مرفوعة على قناة يوتيوب علي الخالدي (@Alialkhaldi313) في 11 نيسان/أبريل 2017، https://www.youtube.com/watch?v=E4IL3vu8Ls8

60 روى لي أحد طلاب السيد السيستاني قصةً: في عام 1987 طلب السيد الخوئي من السيد السيستاني زيارته عندما تجمع حشدٌ كبيرٌ من رجال الدين وعامة الناس لأن الأخير كان زائراً نادراً لـ «البراني» وتمنى السيد الخوئي أن يصبح المزيد من الناس على علمٍ بمكانة السيد السيستاني.

61 قبل السيد السيستاني بذلك على مضضٍ بعد أن ألمح السيد الخوئي إلى أنه يمكن أن يحكم عليه بلزوم القبول. انظر السيرة الذاتية الرسمية للسيد السيستاني.

62 إن الكيفية التي يتولى بها المرجع هذا المنصب هي مزيجٌ من العوامل. لا يمكن تعيينه أو انتخابه بالمعنى الرسمي، ولن يكون لدى معظمهم سوى عددٍ قليلٍ من الأتباع (انظر سجاد رضوي، «صنع المرجع»).

63 وسرعان ما امتدت الانتفاضة التي بدأت في البصرة إلى مدنٍ أخرى بعد هزيمة الجيش العراقي وانسحابه من الكويت. وقد بدأت في شهر شعبان، ولهذا سميت بالانتفاضة الشعبانية. وكان لهذا الحدث تأثيرٌ كبيرٌ على النجف وشيعة العراق، ولا تزال آثارها ملموسةً حتى اليوم.

64 "الانتفاضة الشعبانية"، مكتبة الروضة الحيدرية، https://www.haydarya.com/maktaba_moktasah/21/book_37/01.htm

65 لمزيدٍ من المعلومات عن انتفاضة 1991، انظر «العذاب الذي لا نهاية له: انتفاضة 1991 في العراق وتداعياتها»، هيومن رايتس ووتش، حزيران/يونيو 1992، https://www.hrw.org/reports/1992/Iraq926.htm

66 بحسب أحد طلاب السيد السيستاني والمشار إليه أيضاً في السيرة الرسمية و"معاناة السيد السيستاني وولديه في سجون الطاغية صدام حسين خلال انتفاضة 1991»، منشور على اليوتيوب لقناة إبراهيم الحسني (@ibrahimalhassani) في 19 أيار / مايو 2022، https://www.youtube.com/watch?v=iYrhZN5zqZQ

67 شاهد الفيديو المؤرشف "جنازة الامام الخوئي" مرفوعاً على قناة اليوتيوب المعهد الخوئي (@Alkhoei_institute) بتاريخ 2 نيسان / أبريل 2019، https://www.youtube.com/watch?v=_Tuug-wMwa0 . لصلاة الجنازة أهميتها وخاصةً في الحلقات الحوزوية؛ وقد أمها السيد السيستاني نزولاً عند رغبة السيد الخوئي، وكانت هذه إشارةً أخرى إلى أنه سيكون خليفة السيد الخوئي.

68 كان النظام قد أصاب في استنتاجه أن السيد السيستاني سيكون خليفة السيد الخوئي وأن ابن السيد الخوئي، السيد محمد تقي، وبعض العلماء الآخرين من الدائرة الضيقة للخوئي سيدعمون السيد السيستاني ومرجعيته، ولذا أطلق النظام حملةً لاستهدافهم واغتال السيد محمد تقي الخوئي في تموز 1994.

69 نوقش إرث تجارب الحوزة العلمية في ظل نظام البعث والمواقف العامة اللاحقة في كتاب مارسين الشمري، «انبياء وكهنة».

70 إن نشر عملٍ كهذا هو بمثابة شرطٌ من شروط الاعتراف بالمرجع واتّباعه.

71 يقول معظم المراجع أن على المؤمنين اتباع أعلم الفقهاء في الشريعة الإسلامية.

72 لعبت منظماتٌ منها مؤسسة السيد الخوئي والاتحاد العالمي لجاليات الخوجة المسلمة الشيعية الإثني عشرية دوراً مهماً في ذيوع صيت السيد السيستاني المتنامي، وكذلك الأنشطة العابرة للحدود الوطنية لشبكة السيد السيستاني ومكاتبه في قم وبيروت ودمشق ولندن.

73 عندما بدأت مرجعيته في ترسيخ نفسها، عيّن السيد السيستاني ممثلين جداً في جميع أنحاء العراق (بدلاً من الاحتفاظ بشبكة السيد الخوئي، كما كان متوقعاً) والذين أصبحوا على اتصالٍ بعامة السكان أكثر من النخب الدينية التقليدية.

74 كان السيد السيستاني، والسيد الخامنئي، والسيد فضل الله، والسيد الشيرازي متقدمين من حيث الأتباع في مطلع الألفية، يليهم مراجع آخرون ذوو أتباعٍ أقلَّ بكثيرٍ كالشيخ التبريزي، والشيخ الخراساني، والشيخ اللنكراني، والسيد الحكيم، والسيد الحائري. كما أن أقدمية السيد السيستاني الذي كان مرجعاً لثلاثين عاماً عند كتابة هذا الكتاب قد ساعد أيضاً في استيعاب أتباع مراجع متوفّين آخرين. يُقدَّر بأن غالبية المسلمين الشيعة الذين يتبعون مرجعا، بنحو 80% وفقاً لأحد التقديرات، يتبعون الآن السيد السيستاني.

75 منذ ذلك الحين، لم يغادر السيد السيستاني منزله إلا لمراتٍ قليلةٍ، كزيارته إلى لندن في آب/ أغسطس 2004 لتلقي العلاج، وزيارة المراجع الآخرين كآية الله السيد الحكيم وآية الله الشيخ فياض في آذار / مارس وآب / أغسطس 2011 على التوالي، وإلى كربلاء للعلاج في المستشفى في كانون الثاني / يناير 2020.

76 لا ينبغي الاستهانة بالأثر العميق للصدمة النفسية التي تعرضت لها عائلة السيد السيستاني، وكذا العائلات الدينية الأخرى كالحكيم وبحر العلوم والصدر والخوئي، في ظل نظام البعث. انظر عبد الصاحب الحكيم، موسوعة عن قتل واضطهاد المرجعيات الدينية والعلماء وطلاب الحوزة العلمية الشيعية في بلد المقابر الجماعية العراق 1968-2003 (موردن: منظمة حقوق الإنسان في العراق، 2005 بالعربية).

77 انظر عباس كاظم، «الحوزة تحت الحصار»؛ صامويل هيلفونت، الإكراه في الدين: صدام حسين، الإسلام، وجذور التمرد في العراق (نيويورك: جامعة أكسفورد، 2018)؛ آرون فاوست، بعثنة العراق: شمولية صدام حسين (أوستن: جامعة تكساس، 2015)؛ وليزا بلايدز، الدولة القمعية: العراق في عهد صدام حسين (برينستون: جامعة برينستون، 2018).

78 في إحدى زياراتي لمنزل السيد السيستاني في عام 2003، شاهدتُ المكان المحدد خارج الباب الأمامي مباشرةً، حيث تمركز عملاء أمن النظام المسلحون على مدار الساعة ليراقبوا عن كثبٍ جميع التحركات، ويبقوا الأسرة في قلقٍ دائمٍ على حياتهم وأمنهم.

79 حامد الخفاف، نصوصٌ صدرت عن سماحة السيد السيستاني في الشأن العراقي (بيروت: دار المؤرخ العربي، 2009، بالعربية)، ص94.

80 علي المؤمن، «الحوزة العلمية الشيعية بين النجف وقم"، شفق نيوز، 4 آب / أغسطس 2021، https://shafaq.com/ar/مقالات/الحوزة-العلمية-الشيعية-بين-النجف-وقم.

81 «أسئلة مجلة المكتبة / النادي الحسيني في النبطية»، الموقع الرسمي لمكتب سماحة السيد علي الحسيني السيستاني، https://www.sistani.org/arabic/archive/247/

82 كان لدى الشيعة، بشكل من الأشكال، مراجع دين منذ الغيبة الكبرى للإمام الثاني عشر عام 941. في الاجازات الممنوحة من قبل أساتذة السيد السيستاني هناك سلسلةٌ من 24 استاذاً تعود إلى الشيخ الطوسي (توفي سنة 1067)، وبالتالي تعود الإشارة إلى 1000 سنةٍ.

83 انظر عباس كاظم، «الحوزة تحت الحصار»، وصموئيل هيلفونت، الإكراه في الدين.

84 انظر عباس كاظم، «الحوزة تحت الحصار» عن علي كاشف الغطاء؛ وحارث حسن الكرعاوي، "المرجع "الرسمي": السلطة الدينية الشيعية والدولة في عراق ما بعد 2003،" المجلة البريطانية لدراسات الشرق الأوسط 46، العدد. 3 (2019): 487 عن أحمد البغدادي.

85 «أسئلة وكالة رويترز»، الموقع الرسمي لمكتب سماحة السيد علي الحسيني السيستاني، https://www.sistani.org/arabic/archive/232 /

86 انظر أماتزيا بارام، «من العلمانية المتشددة إلى الإسلاموية: نظام البعث العراقي 1968-2003»، ورقة عرضية لمركز ويلسون، أكتوبر 2011، https://www.wilsoncenter.org/sites/default/files/media/documents/publication/From%20Militant%20Secularism%20to%20Islamism.pdf; وصموئيل هيلفونت، الإكراه في الدين للمزيد عن الحملة الإيمانية.

87 انظر عباس كاظم، «الحوزة تحت الحصار» حول حادثة مدرسة السيد الحكيم الدينية، على سبيل المثال. سيطر السيد الصدر على أجزاء من نظام الحوزة بموافقة النظام، ما أدى إلى انعدام الثقة الذي واجهه من المراجع الآخرين.

88 كانت قم معاديةً جداً للصدر الذي أرسل ابن عمه السيد جعفر الصدر، نجل آية الله السيد محمد باقر الصدر، في أيار / مايو 1998 لتأسيس مكتبه هناك.

89 انظر على سبيل المثال تعليقاته في «المقابلة النادرة مع الشهيد السيد محمد صادق الصدر»، مرفوعةً على قناة اليوتيوب علي إربد (@Aliirbid)، بتاريخ 23 آذار/مارس 2012، https://www.youtube.com/watch?v=poazMInL6PE; وفي عادل رؤوف، مرجعية الميدان: محمد محمد صادق الصدر، مشروعه التغييري وحقائق الاغتيال (دمشق: المركز العراقي للإعلام والدراسات، 2006).

90 ديفيد سيدهارتا باتيل، النظام من رحم الفوضى: الإسلام والمعلومات وصعود وسقوط الأنظمة الاجتماعية في العراق (إيثاكا: جامعة كورنيل، 2022)، 33.

91 إحدى الحوادث التي تسببت في هذا التوتر هو تهديد السيد مصطفى نجل السيد الصدر بترحيل آية الله بشير حسين النجفي بعد انتقاده للسيد الصدر، ما أدى إلى هذا الرد من السيد السيستاني: «ما الذي حدث بين السيد الصدر والسيد السيستاني»، رفع على قناة اليوتيوب محسن الخفاجي (@mohsenal-khafaji5529) بتاريخ 2 نيسان / أبريل 2020، https://youtu.be/SOsGPJfwxdw

92 استمرت التوترات بين فضل الله والمراجع خمسة عشر عاماً بسبب اختلاف وجهات النظر الدينية، ولكنها كذلك بسبب طبيعة المكاتب والحاشيات المتنافسة.

93 صموئيل هيلفونت، الإكراه في الدين، 150.

94 رايدار فيسر، «السيستاني والولايات المتحدة والسياسة في العراق: من اللاتدخل إلى المكيافيلية؟»، المعهد النرويجي للشؤون الدولية، ورقة NUPI رقم. 700، آذار / مارس 2006، 9، https://www.files.ethz.ch/isn/27866/700.pdf

95 لم يركز التخطيط قبل الحرب على السلطة الدينية، بل تركز بشكلٍ أكبر على السلطة القبلية والانقسامات الاجتماعية. ورغم إدراك المخططين الأمريكيين لوجود انقسامٍ بين الشيعة والسنة، لم يربطوا مطلقاً بين الأمر والسيد السيستاني أو حتى السيد الصدر. تظهر الوثائق الموجودة في أرشيف الأمن القومي أن التركيز على المجموعات العرقية هو أمرٌ بالغ الأهمية. انظر «ندوة عبور الصحراء (U): تقرير ما بعد العمل»، حكومة الولايات المتحدة، 28-30 حزيران / يونيو 1999، https://nsarchive2.gwu.edu/NSAEBB/NSAEBB207/Desert%20Crossing%20After%20Action%20Report_1999-06-28.pdf; وروابط أخرى من موقع أرشيف الأمن القومي «حرب العراق - الجزء الأول: الولايات المتحدة تستعد للصراع، 2001»، https://nsarchive2.gwu.edu/NSAEBB/NSAEBB326/index.htm

96 «منح كبار رجال الدين الشيعة في العراق 48 ساعة للمغادرة»، الغارديان، 13 أبريل / نيسان 2003، https://www.theguardian.com/world/2003/apr/13/iraq5

97 «أسئلة وكالة رويترز حول شؤون سماحة السيد السيستاني الخاصة»، الموقع الرسمي لمكتب سماحة السيد علي الحسيني السيستاني، https://www.sistani.org/arabic/archive/249/

98 «أسئلة مجلة دير شبيغل الألمانية»، الموقع الرسمي لمكتب سماحة السيد علي الحسيني السيستاني، https://www.sistani.org/arabic/archive/248/

99 انظر البيانات الصادرة عن مكتب السيد السيستاني في نيسان/أبريل – حزيران/يونيو 2003 المجموعة في الخفاف، النصوص الصادرة عن سماحة السيد السيستاني في الشأن العراقي.

100 «أسئلة صحيفة واشنطن بوست»، الموقع الرسمي لمكتب سماحة السيد علي الحسيني السيستاني، https://www.sistani.org/arabic/archive/252/

101 «مسائل حول الأملاك العامة ومساجد السنة وقضايا أخرى»، الموقع الرسمي لمكتب سماحة السيد علي الحسيني السيستاني، https://www.sistani.org/arabic/archive/305/

102 لمزيدٍ من المعلومات عن وجهات نظر رجال الدين تجاه الدولة والسياسة، انظر مارسين الشمري، «إعادة تصور الحوزة والدولة: وفقاً لرجال الدين الشيعة، ما هي العلاقة المثالية بين الدين والدولة؟»، POMEPS، كانون الأول/ديسمبر 2017، https://pomeps.org/reimagining-the-hawza-and-the-state-according-to-shia-clerics-what-is-the-ideal-relationship-between-religion-and-the-state.

103 لقاءٌ مع المؤلف، بغداد، آذار / مارس 2023.

104 لعل الدور الجديد للسيد مقتدى الصدر في العراق قد دفع السيد السيستاني أيضاً إلى أن يكون أكثر نشاطاً.

105 كان هذا في جزءٍ منه لأجل فهم ما إذا كان قد التزم بشكلٍ من أشكال ولاية الفقيه التي من شأنها أن تجعل العراق يصبح جمهوريةً إسلاميةً، وهو أمرٌ كانت الولايات المتحدة تخشى منه عام 1991 عندما سمحت لصدام بسحق الانتفاضة.

106 «اسئلة وكالة اسوشيتد برس»، الموقع الرسمي لمكتب سماحة السيد علي الحسيني السيستاني، https://www.sistani.org/arabic/archive/253/ والموقع الرسمي لمكتب سماحة السيد علي الحسيني السيستاني، "أسئلة صحيفة واشنطن بوست".

107 الخفاف، نصوصٌ صادرةٌ عن سماحة السيد السيستاني في الشأن العراقي، ص45.

108 الموقع الرسمي لمكتب سماحة السيد علي الحسيني السيستاني، «أسئلة مجلة دير شبيغل الألمانية».

109 المرجع السابق.

110 «أسئلة وكالة رويترز»، الموقع الرسمي لمكتب سماحة السيد علي الحسيني السيستاني، https://www.sistani.org/arabic/archive/232/

111 الموقع الرسمي لمكتب سماحة السيد علي الحسيني السيستاني، «أسئلة وكالة أسوشيتد برس».

112 «استفسارٌ حول مشروع كتابة الدستور العراقي»، الموقع الرسمي لمكتب سماحة السيد علي الحسيني السيستاني، https://www.sistani.org/arabic/archive/273/

113 نوح فيلدمان، «الفتوى الديمقراطية: الإسلام والديمقراطية في عالم السياسة الدستورية»، مراجعة قانون أوكلاهوما 58، رقم. 1 (2005)، https://digitalcommons.law.ou.edu/cgi/viewcontent.cgi?article=1255&context=olr

114 راجيف شاندراسيكاران، «كيف أفشل رجل الدين خطة أمريكا في العراق»، واشنطن بوست، 26 تشرين الثاني / نوفمبر 2003، https://www.washingtonpost.com/archive/politics/2003/11/26/how-cleric-trumped-us-plan-for-iraq/e82c7c68-ff47-4201-8f2c-26ec4a6999e7/

115 «بيان مكتب سماحة السيد بشأن اغتيال آية الله السيد محمد باقر الحكيم»، الموقع الرسمي لمكتب سماحة السيد علي الحسيني السيستاني، https://www.sistani.org/arabic/statement/1466/

116 «أسئلة واشنطن بوست حول اتفاق 2003/11/15»، الموقع الرسمي لمكتب سماحة السيد علي الحسيني السيستاني، https://www.sistani.org/arabic/archive/245/

117 «100 ألف يطالبون بانتخاباتٍ عراقيةٍ»، صحيفة الغارديان، 19 كانون الثاني / يناير 2004، https://www.theguardian.com/world/2004/jan/19/iraq

118 «استفسارٌ حول الحكومة المؤقتة التي شكلتها الأمم المتحدة»، الموقع الرسمي لمكتب سماحة السيد علي الحسيني السيستاني، https://www.sistani.org/arabic/archive/289/

119 الموقع الرسمي لمكتب سماحة السيد علي الحسيني السيستاني، «أسئلة وكالة اسوشيتد برس».

120 «أسئلة صحيفة سان فرانسيسكو»، الموقع الرسمي لمكتب سماحة السيد علي الحسيني السيستاني، https://www.sistani.org/arabic/archive/233/

121 سلطة الائتلاف المؤقتة، قانون إدارة الدولة العراقية للمرحلة الانتقالية، 8 آذار / مارس 2004، https://web.archive.org/web/20090423064920/http://www.cpa-iraq.org/government/TAL.html

122 «رسالةٌ جوابيةٌ موجهةٌ إلى السيد الأخضر الإبراهيمي تتضمن الموقف من قانون إدارة العراق للمرحلة الانتقالية»، الموقع الرسمي لمكتب سماحة السيد علي الحسيني السيستاني، https://www.sistani.org/arabic/statement/1476/

123 «رسالةٌ إلى رئيس مجلس الأمن الدولي تحذر من الرجوع إلى قانون إدارة الدولة في القرار الدولي 1546»، الموقع الرسمي لمكتب سماحة السيد علي الحسيني السيستاني، https://www.sistani.org/arabic/statement/1479/; وقرار مجلس الأمن التابع للأمم المتحدة رقم 1546 (2004)، S/RES/1546 (2004)، 8 حزيران / يونيو 2004، http://unscr.com/files/2004/01546.pdf

124 يوسف الحلي، «المجتمع الدولي في عيون آية الله السيستاني»، مراجعة القانون الأمريكي الصيني، 19، العدد. 3 (آذار / مارس 2022): 114–24، http://pure-oai.bham.ac.uk/ws/portalfiles/portal/172207502/Paper_by_Yousif.pdf

125 مجلس الأمن التابع للأمم المتحدة، القرار رقم 1483 (2003)، قرار مجلس الأمن 1583 (2003)، 22 أيار/مايو 2003، https://digitallibrary.un.org/record/495555?ln=en

126 الموقع الرسمي لمكتب سماحة السيد علي الحسيني السيستاني، «استفسار حول الحكومة المؤقتة التي شكلتها الأمم المتحدة».

127 شهدت أزمة الدستور وحكومة ما بعد عام 2003 عدة لحظات مظلمةٍ، بما في ذلك محاولات فرض اتفاقٍ على السيد السيستاني بشأن قانون الإدارة الانتقالية دون أن يرى نسخةً نهائيةً، الأمر الذي زاد بلا شك من شكوكه في النوايا الأمريكية. انظر أندرو أراتو، صناعة الدستور في ظل الاحتلال: سياسة الثورة المفروضة في العراق (نيويورك: جامعة كولومبيا، 2009)، 113-14.

128 رفض مكتب السيد السيستاني صراحةً تشكيل الميليشيات، وطلب من السيد الصدر التخلي عن أسلحته. انظر: «أسئلة شبكة فوكس نيوز الأمريكية»، الموقع الرسمي لمكتب سماحة السيد علي الحسيني السيستاني، https://www.sistani.org/arabic/archive/243/ و«نص جواب مكتب سماحة آية الله العظمى السيد السيستاني في النجف الأشرف على أسئلة مراسل واشنطن بوست في بغداد»، مؤسسة الامام علي، http://najaf.org/arabic/15.

129 «تعيين محافظ جديد للنجف»، سلطة الائتلاف المؤقتة، 6 أيار / مايو 2004، https://web.archive.org/web/20040707043558/http://www.iraqcoalition.org/pressreleases/20040508_bremer_zurufi.html.

130 كريستين هاوزر وكيرك سمبل، «الولايات المتحدة تصدر مذكرة اعتقال لرجل دينٍ عراقيٍّ خارجٍ عن القانون»، نيويورك تايمز، 5 نيسان / أبريل 2004، https://www.nytimes.com/2004/04/05/international/middleeast/us-announces-warrant-for-outlaw-iraqi-clerics.html

131 عصام العامري، «توضيح موقف علماء حوزة النجف من حركة مقتدى الصدر»، الوسط نيوز، 28 أيار / مايو 2004، http://www.alwasatnews.com/news/393337.html

132 دانييل ويليامز وسكوت ويلسون، «السيستاني يطالب بخروج مقاتلي النجف»، واشنطن بوست، 19 أيار / مايو 2004، https://www.washingtonpost.com/archive/politics/2004/05/19/sistani-demands-exit-of-najaf-combatants/7d88ccfb-84bf-4992-8d2b-b42023fa6b94/

133 «رجل دينٍ عراقيٌّ يخضع لعمليةٍ جراحيةٍ في القلب في لندن»، نيويورك تايمز، 14 آب / أغسطس 2004، https://www.nytimes.com/2004/08/14/world/iraqi-cleric-has-heart-surgery-in-london.html

134 حيدر الخوئي، «آية الله السيستاني ومعركة النجف»، المونيتور، 9 أيلول / سبتمبر 2013، https://www.al-monitor.com/originals/2013/09/ayatollah-sistani-and-battle-of-najaf.html

135 تهدف الرواية التي نشرها أحد ممثلي السيد السيستاني إلى إنشاء روايةٍ رسميةٍ مفادها أن رحيل السيد السيستاني من النجف لم يكن مرتبطاً بالمعركة في النجف. انظر حامد الخفاف، الرحلة العلاجية لسماحة السيد السيستاني وأزمة النجف 1425هـ – 2004م (بيروت: دار المؤرخ العربي، 2012).

136 «السيستاني يغادر البصرة إلى النجف، والمئات ينضمون إلى الموكب»، رفع على قناة يوتيوب AP Archive (APArchive@) في 21 تموز / يوليو 2015، https://www.youtube.com/watch?v=AvH4ZswC3pM

137 كان آية الله السيد محمد سعيد الحكيم ينتقد السيد الصدر بشدة، انظر على سبيل المثال «مقتدى الصدر طفلٌ جاهلٌ مخربط»، رفع على قناة الكاشف على اليوتيوب (Al-Kashif@) في 5 أيلول / سبتمبر 2021، https://www.youtube.com/watch?v=QuQhPrXA_Mw

138 ومن بينها أسئلةٌ حول ما إذا كان تهريب البضائع عبر الحدود مسموحاً به، وكذا الاستيلاء على ممتلكات المسؤولين البعثيين السابقين، والمسؤولين الذين يتجاوزون سلطاتهم لكن لتحقيق المصلحة العامة. انظر الخفاف، نصوصٌ صدرت عن سماحة السيد السيستاني في الشأن العراقي.

139 «استفتاء حول تسجيل الأسماء في سجل الناخبين»، الموقع الرسمي لمكتب سماحة السيد علي الحسيني السيستاني، https://www.sistani.org/arabic/archive/287/

140 كان حزب الدعوة ينظر إلى السيد فضل الله باعتباره مرشدهم الديني، وكان المجلس الأعلى للثورة الإسلامية في العراق يتبع السيد الخامنئي، والتيار الصدري يتبع السيد كاظم الحائري كمرشدٍ.

141 اختار السيد السيستاني الشيخ هادي آل راضي لرئاسة اللجنة المكونة من ستة أعضاءٍ، والتي قامت بمراجعة مرشحي الأحزاب ليكونوا مرشحين للائتلاف العراقي الموحد، انظر الحكيم، النجف الأشرف وحوزتها، المجلد. 5, 201-2.

142 المرجع السابق.

143 أدى ضعف أداء الأحزاب الإسلامية الشيعية بعد ذلك إلى قيام السيد السيستاني بالنأي بنفسه عنها، فلم يشأ تأييدها بعد ذلك.

144 انظر "وكيل السيستاني يدافع عن القائمة 169: تضم كل الفئات ولا تحتكر التلفزيونات"، القبس، 17 كانون الثاني / يناير 2005،https://alqabas.com/article/148897-أنصار-الصدر-يتابعون-التظاهر-احتجاجا-ع; وصفاء منصور، «السيستاني يدعم الكتلة الشيعية علناً»، معهد صحافة الحرب والسلام، 18 تشرين الثاني / نوفمبر 2005، https://iwpr.net/global-voices/sistani-openly-backs-shia-bloc.

145 «علاوي يدعو المراجع الشيعية إلى الابتعاد عن السياسة»، الجزيرة، 26 آذار / مارس 2005، https://www.aljazeera.net/news/arabic/2005/3/26/علاوي-يدعو-المراجع-الشيعية-إلى

146 كان السيد السيستاني وابنه السيد محمد رضا يعملان في بعض الأيام الليل بطوله لإجراء تعديلاتٍ على النص مع مساعديهما. تعليقات أحد أعضاء لجنة الصياغة للمؤلف، حزيران / يونيو 2019.

147 كلانتري، رجال الدين والشرق الأوسط الحديث، 161.

ملاحظات | 125

148 انظر فيسر، «السيستاني والولايات المتحدة والسياسة في العراق»، 18؛ و«السيستاني والطبطبائي وفياض يطالبون بالتصويت بنعم على الدستور العراقي»، وكالة الأنباء الكويتية، 22 أيلول / سبتمبر 2005، .https://www.kuna.net.kw/ArticleDetails aspx?language=ar&id=1539423

149 «ممثل آية الله السيستاني عبد المهدي الكربلائي في خطبة الجمعة في كربلاء، العراق: السيستاني يدعو العراقيين إلى التصويت بنعم على الدستور وتعديل المواد الإشكالية لاحقاً»، ميمري، 14 تشرين الأول / أكتوبر 2005، -https://www.memri.org/tv/ayatollah-sistanis representative-abd-al-mahdi-karbalaai-friday-sermon-karbalaa-iraq-sistani

150 «الغموض وعدم الرضا لتكلفة التحالف الشيعي»، فايننشال تايمز، 12 كانون الأول / ديسمبر 2005، -https://www.ft.com/content/d28fc9e2-6b3b-11da-8aee 0000779e2340

151 «استفتاء حول الانتخابات العراقية»، الموقع الرسمي لمكتب سماحة السيد علي الحسيني السيستاني، /https://www.sistani.org/arabic/archive/288

152 فيسر، «السيستاني والولايات المتحدة والسياسة في العراق»، 19-20.

153 «الضغوط تتصاعد لدفع رئيس الوزراء العراقي إلى الاستقالة»، أخبار سي بي إس، 6 آذار / مارس 2006، -https://www.cbsnews.com/news/pressure-mounts-for-iraq-pm-to /resign

154 «بيان مكتب سماحة السيد حول الاعتداء الآثم على مرقد الإمامين العسكريين»، الموقع الرسمي لمكتب سماحة السيد علي الحسيني السيستاني، /https://www.sistani.org /arabic/statement/1494 وكان طلب السيد السيستاني عقد اجتماع مع كبار المراجع الثلاثة الآخرين في النجف محاولةً لتشكيل جبهةٍ موحدةٍ رداً على الأزمة الطائفية. انظر «لماذا طلب السيد السيستاني صورةً مع المراجع عام 2006»، رفع على قناة اليوتيوب عاشوراء المارية (Ashura.network@) في 25 أيلول / سبتمبر 2022، /https://www.youtube.com .watch?v=kbkWvcmJ304

155 «بيان مكتب سماحة السيد حول زيارة رئيس الوزراء العراقي المكلف السيد نوري المالكي لسماحته»، الموقع الرسمي لمكتب سماحة السيد علي الحسيني السيستاني، .https://www /sistani.org/arabic/statement/1497

156 «بيان مكتب سماحه السيد بعد زيارة رئيس الوزراء العراقي نوري المالكي لسماحته»، الموقع الرسمي لمكتب سماحة السيد علي الحسيني السيستاني، /https://www.sistani.org /arabic/statement/1501

157 «رسالة سماحة السيد إلى الشعب العراقي بشأن الفتنة الطائفية»، الموقع الرسمي لمكتب سماحة السيد علي الحسيني السيستاني، /https://www.sistani.org/arabic ./statement/1499

158 «بيان مكتب سماحة السيد علي بشأن اتفاق انسحاب القوات الأجنبية من العراق»، الموقع الرسمي لمكتب سماحة السيد علي الحسيني السيستاني، /https://www.sistani.org ./arabic/statement/1507

159 خوان كول، «تراجع تأثير آية الله العظمى السيستاني في الفترة 2006-2007»، داي فريدنز-فارت 82، عدد. 3/2 (2007): 67-83.

160 كلانتري، رجال الدين والشرق الأوسط الحديث، 148.

161 «الملك عبد الله الثاني ملك الأردن»، إن بي سي نيوز، 8 كانون الأول / ديسمبر 2004، https://www.nbcnews.com/id/wbna6679774#.UcV3GZymV9s

162 كالحركة التي يقودها محمود الحسني الصرخي على سبيل المثال.

163 روس كولفين، «الطائفة المتعصبة العراقية تنفي تورطها في المعركة»، رويترز، 30 كانون الثاني / يناير 2007، https://www.reuters.com/article/us-iraq-cult-idUKCOL04709120070130

164 حمزة هنداوي، «الشيعة العراقيون يحتجون على «إهانات الجزيرة»، أسوشيتد برس، 5 أيار / مايو 2007، https://www.heraldtribune.com/story/news/2007/05/05/iraqi-shiites-protest-al-jazeeras-insults/28545657007/

165 «رجل الدين السعودي محمد العريفي يذم الشيعة ويصف آية الله العراقي السيستاني بالكافر»، معهد ميمري، 11 كانون الأول / ديسمبر 2009، https://www.memri.org/tv/saudi-cleric-muhammad-al-arifi-vilifies-shiites-calling-iraqi-ayatollah-sistani-infidel

166 قاسم الكعبي، «السيستاني للسياسيين العراقيين: لا تجعلوني واجهة لعملكم، بل تحملوا المسؤولية»، الشرق الأوسط، 15 أيلول / سبتمبر 2009، https://archive.aawsat.com/details.asp?section=4&issueno=11249&article=536105#.Y6GKcy8Rp9c

167 أسامة مهدي، «السيستاني يؤكد حياده بين القوى السياسية في الانتخابات المقبلة»، إيلاف، 6 حزيران / يونيو 2008، https://elaph.com/Web/Politics/2008/6/337520.html

168 انظر «بيان مكتب سماحة السيد علي الحسيني السيستاني» الموقع الرسمي لمكتب سماحة السيد علي الحسيني السيستاني، https://www.sistani.org/arabic/statement/1509/; و»بيان مكتب سماحة السيد علي الحسيني السيستاني»، الموقع الرسمي لمكتب سماحة السيد علي الحسيني السيستاني، https://www.sistani.org/arabic/statement/1511/.

169 تعليقات للمؤلف في آذار / مارس 2004، مع تعليقات مماثلة نقلها آخرون، انظر صلاح عبد الرزاق، السيد السيستاني ودوره السياسي في العراق (بيروت: دار المحجة البيضاء، 2019)، ص51.

170 انظر "السيستاني يؤكد أن العراق لا يحكم بأغلبية طائفية أو قومية بل بأغلبية سياسية"، راديو سوا، 30 مايو/أيار 2009، https://www.radiosawa.com/archive/2009/05/30/السيستاني-يؤكد-العراق-لا-يحكم-بأغلبية-طائفية-قومية-وإنما-بأغلبية-سياسية؛ عبد الرزاق، السيد السيستاني ودوره السياسي في العراق، 53؛ وسالم مشكور (smashkour@)، تحديث حالة تويتر ("المرجع السيستاني: الأغلبية المطلوبة لحكم العراق سياسية وليست طائفية أو قومية")، 26 أبريل / نيسان 2018 https://twitter.com/smashkour/status/989494406221848576?s=21&t=nLWcRZLJfqjgCwL7_ydapA.

171 محمد الغزي «المشرعون العراقيون يؤيدون دعوة السيستاني للقائمة المفتوحة في الانتخابات المقبلة»، وكالة الأنباء الكويتية، 5 تشرين الأول / أكتوبر 2009، https://www.kuna.net.kw/ArticleDetails.aspx?language=en&id=2029768

172 انظر موقع Sistani.org، على سبيل المثال، «رسالةٌ إلى الرئيس المصري محمد حسني مبارك بعد تصريحاته حول ولاء الشيعة»، الموقع الرسمي لمكتب سماحة السيد علي الحسيني السيستاني، https://www.sistani.org/arabic/statement/1495/

173 «بيان الناطق الرسمي لمكتب سماحة السيد حول ما نقلته بعض وكالات الأنباء (الانتخابات)»، الموقع الرسمي لمكتب سماحة السيد علي الحسيني السيستاني، https://www.sistani.org/arabic/statement/25924/

174 «المالكي يتمسك بالترشح لرئاسة الحكومة العراقية الجديدة»، دويتشه فيله، 29 أيار / مايو 2010، https://www.dw.com/ar/المالكي-يتمسك-بالترشح-لرئاسة-الحكومة-العراقية-الجديدة/a-5630968.

175 باربرا سلافين، «أوباما أرسل رسالةً سريةً إلى رجل الدين الشيعي الأعلى في العراق»، فورين بوليسي، 5 آب / أغسطس 2010، https://foreignpolicy.com/2010/08/05/obama-sent-a-secret-letter-to-iraqs-top-shiite-cleric/

176 "وكيل السيستاني يدعو إلى تخفيض رواتب نواب البرلمان"، الرأي، 8 كانون الأول / ديسمبر 2007، https://alrai.com/article/250134/عربي%20ودولي/وكيل-السيستاني-يطالب-بخفض-رواتب-النواب.

177 جاك هيلي ومايكل شميدت، «المظاهرات تتحول إلى أعمال عنفٍ في العراق»، نيويورك تايمز، 25 شباط / فبراير 2011، https://www.nytimes.com/2011/02/26/world/middleeast/26iraq.html

178 «بيان مكتب سماحة السيد بشأن تظاهرات يوم الجمعة»، الموقع الرسمي لمكتب سماحة السيد علي الحسيني السيستاني، https://www.sistani.org/arabic/statement/1515/

179 «مصدرٌ مطلعٌ: السيد علي السيستاني يرفض استقبال إبراهيم الجعفري لعدم رضاه عن سلوك القادة السياسيين»، براثا نيوز، 9 آذار / مارس 2011، http://burathanews.com/arabic/news/118752

180 "نائب الرئيس العراقي عادل عبد المهدي يقدم استقالته"، البوابة، 30 أيار / مايو 2011، https://www.albawaba.com/ar/الأخبار-الرئيسية/نائب-الرئيس-العراقي-عادل-عبد-المهدي-يقدم-استقالته-375933.

181 "مقربٌ من السيستاني يشترط تخفيض رواتب الرئاسات الثلاث بهدف "ترشيق" الحكومة"، الأنباء، 23 تموز / يوليو 2011، https://www.alanba.com.kw/ar/arabic-international-news/214350/23-07-2011-مقرب-السيستاني-يشترط-تخفيض-رواتبالرئاسات-الثلاث-بهدف-ترشيق-الحكومة/.

182 «المرجعية الدينية تمتنع عن استقبال المسؤولين»، المدى، 26 آب / أغسطس 2011، https://almadapaper.net/view.php?cat=51911

183 على سبيل المثال، في خطاب صلاة الجمعة بتاريخ 31 كانون الثاني / يناير 2014، سأل ممثل السيد السيستاني: «أين يسير العراق؟ في ظل هذه الدوامة من المشاكل والأزمات المتكررة، حيث أن المواطن العراقي يصبح كلّ يوم على مشكلة في العراق وينام على مشاكل!! حتى أن المشاكل أصبحت تولّد مشاكل أخرى من دون أن نجد أفقاً للحل». «خطاب الجمعة»، الموقع الرسمي للعتبة العباسية المقدسة، 31 كانون الثاني / يناير 2014، https://alkafeel.net/inspiredfriday/index.php?id=145&ser=2&lang=ar

184 إيلي شلهوب، «السيستاني يقاطع السياسيين لا العملية السياسية»، الأخبار، 20 آذار / مارس 2012،

185 على سبيل المثال، استقبل السيد السيستاني رئيس بعثة الأمم المتحدة في العراق عدة مراتٍ ووزير الخارجية التركي أحمد داود أوغلو في تشرين الثاني / نوفمبر 2011، دون أي مسؤولين عراقيين برفقتهم.

186 «خطبة الجمعة»، الموقع الرسمي للعتبة العباسية المقدسة، 11 كانون الثاني/يناير 2013، https://alkafeel.net/inspiredfriday/index.php?id=90&ser=1&lang=ar

187 على سبيل المثال، كان خطاب صلاة الجمعة في 7 شباط / فبراير 2014 ينتقد بشدةٍ تشريع البرلمان بشأن زيادة المزايا والمخصصات المالية لكبار المسؤولين، ودعا المحكمة الاتحادية العليا إلى إلغاء تلك المادة في قانون التقاعد، انظر «خطاب الجمعة»، الموقع الرسمي للعتبة العباسية المقدسة، 7 شباط / فبراير 2014، https://alkafeel.net/inspiredfriday/index.php?id=146&ser=2&lang=ar ومن المثير للاهتمام أن البيان يشير إلى أن المرجعية تعبر عن «إرادة الشعب» في هذا الشأن.

188 علي المعموري، «تصاعد التوترات داخل الحكومة العراقية في النجف»، المونيتور، 22 آب / أغسطس 2013، https://www.al-monitor.com/originals/2013/08/iraq-government-tensions-baghdad-najaf.html.

189 «استفتاء حول حث المواطنين على اختيار الصالح الكفوء في الانتخابات، وأن تكون المرجعية على مسافةٍ واحدةٍ من الجميع»، الموقع الرسمي لمكتب سماحة السيد علي الحسيني السيستاني، https://www.sistani.org/arabic/archive/24568/

190 علي المعموري، «السيستاني يدعو الناخبين العراقيين إلى «الاختيار بحكمةٍ»، المونيتور، 15 نيسان / أبريل 2014، https://www.al-monitor.com/originals/2014/04/sistani-call-change-iraq-elections-maliki.html

191 «المرجعية الدينية العليا تدعو المواطنين إلى البحث في ماضي المرشح الذي ينتخبونه، وتؤكد إقرار الموازنة لأنها من المهام الأساسية لهذا المجلس»، الموقع الرسمي للعتبة العباسية المقدسة، 4 نيسان / أبريل 2014، https://alkafeel.net/inspiredfriday/index.php?id=154&ser=2&lang=ar

192 مصدرٌ مقربٌ من مكتب السيد السيستاني، تعليقاتٌ للمؤلف، آب / أغسطس 2014.

193 وائل هاشم، «كيف ولماذا تنحى السيد نوري المالكي؟»، شفقنا، 17 آب / أغسطس 2014، https://ar.shafaqna.com/AR/15375/خاص-شفقنا-كيف-ولماذا-تنحى-السيد-نوري-ا/.

194 «المرجعية الدينية العليا تؤكّد أنّ فتوى الوجوب الكفائي للدفاع عن الوطن تشمل كلّ العراقيين بغضّ النظر عن طوائفهم ودياناتهم وقومياتهم»، الموقع الرسمي للعتبة العباسية المقدسة، 20 حزيران / يونيو، 2019. 2014، https://alkafeel.net/inspiredfriday/index.php?id=165&ser=2&lang=ar

195 عبد الرزاق، السيد السيستاني ودوره السياسي في العراق، ص134.

196 «تبادل آراء بين الأمين العام ورئيسة الجمعية الآسيوية جوزيت شيران عقب خطابه في الجمعية الآسيوية»، الأمم المتحدة، 20 يونيو / حزيران 2014، https://www.un.org/sg/en/content/sg/press-encounter/2014-06-20/secretary-general’s-exchange-asia-society-president-josette.

197 «المرجعية الدينية العليا: نجاح مجلس النواب في تجاوز محطّتين مهمتين وخلال فترةٍ زمنيةٍ مقبولةٍ خطوةٌ مهمةٌ في إطار الحراك السياسي المطلوب»، الموقع الرسمي للعتبة العباسية المقدسة، 25 تموز/يوليو 2014، https://alkafeel.net/inspiredfriday/index.php?id=170&ser=2&lang=ar

198 راية جلبي، «الصراع على السلطة في بغداد ومعارك نوري المالكي من أجل البقاء»، الغارديان، 13 آب / أغسطس 2014، https://www.theguardian.com/world/2014/aug/13/iraq-abadi-maliki-baghdad-prime-minister-struggle

199 «الرئيس العراقي يطلب من العبادي خلافة رئيس الوزراء نوري المالكي»، بي بي سي نيوز، 11 آب / أغسطس 2014، https://www.bbc.com/news/world-middle-east-28739975

200 عبد الرزاق، السيد السيستاني ودوره السياسي في العراق، ص136.

201 تيم أرانغو، «محاولة المالكي الحفاظ على السلطة في العراق تبدو وكأنها تنهار»، نيويورك تايمز، 12 آب / أغسطس 2014، https://www.nytimes.com/2014/08/13/world/middleeast/maliki-seems-to-back-away-from-using-military-force-to-retain-power.html

202 «الضغوط تتصاعد على المالكي المتحدي للتنحي»، العربية، 13 آب / أغسطس 2014، https://english.alarabiya.net/News/middle-east/2014/08/13/Bomb-explodes-near-home-of-Iraq-s-Abadi

203 «المالكي يقول إن تعيين العبادي رئيساً للوزراء العراقي ليس ذا قيمةٍ.»، رويترز، 13 آب/ أغسطس 2014، https://www.reuters.com/article/cnews-us-iraq-crisis-maliki-idCAKBN0GD0QY20140813

204 تيم أرانغو، «المالكي يوافق على التخلي عن السلطة في العراق»، نيويورك تايمز، 14 آب / أغسطس 2014، https://www.nytimes.com/2014/08/15/world/middleeast/iraq-prime-minister-.html

205 لوفداي موريس، «رسالةٌ من السيستاني قلبت الأمور ضد زعيم العراق»، واشنطن بوست، 13 آب / أغسطس 2014، https://www.washingtonpost.com/world/middle_east/a-letter-from-sistani-turned-the-tide-against-iraqs-leader/2014/08/13/3b3426cf-60ee-4856-ad26-d01a9c6cc9c3_story.html

206 «الأمين العام للأمم المتحدة يطلب المشورة من كبار رجال الدين بشأن أزمة العراق»، رويترز، 24 تموز / يوليو 2014، https://www.reuters.com/article/us-iraq-sistani-idUSKBN0FT1MQ20140724

207 كارولين مرجي صايغ"، آيات الله الوطنيون: القومية في عراق ما بعد صدام (إيثاكا: جامعة كورنيل، 2018)، ص83.

208 أرسلت إيران مستشارين وذخائر على الفور، لكن الأمر استغرق ما يقرب من شهرين من الدول الأخرى قبل أن تهب لمساعدة العراق في التحالف الدولي الذي قادته الولايات المتحدة لهزيمة داعش.

209 علمت بمنطق السيد السيستاني وعملية صنع القرار عنده من قبل مصدرين منفصلين قريبين من السيد السيستاني.

210 «ما ورد في خطبة الجمعة لممثل المرجعية الدينية العليا في كربلاء المقدسة الشيخ عبد المهدي الكربلائي في (14/ شعبان /1435هـ) الموافق (2014/6/13م)»، الموقع الرسمي لمكتب سماحة السيد علي الحسيني السيستاني، http://www.sistani.org/arabic/archive/24918/

211 «المرجعية الدينية العليا تؤكد أن فتوى الدفاع الكفائي عن الوطن تشمل جميع العراقيين، بغض النظر عن طوائفهم وأديانهم وقومياتهم»، الموقع الرسمي للعتبة العباسية المقدسة، 20 حزيران / يونيو، 2019، 2014. https://alkafeel.net/inspiredfriday/index.php?id=165&ser=2&lang=ar

212 انظر على سبيل المثال، توماس إردبرينك، «في قلب العراق الشيعي، المتطوعون يستعدون لـ»الجهاد الدفاعي»، نيويورك تايمز، 21 حزيران / يونيو 2014، https://www.nytimes.com/2014/06/22/world/middleeast/in-the-shiite-heartland-of-iraq-volunteers-gird-for-a-defensive-jihad.html

213 الموقع الرسمي لمكتب سماحة السيد علي الحسيني السيستاني، «ما جاء في خطبة الجمعة».

214 المرجع السابق.

215 جوليان بيكيه، «مبعوث أوباما لمكافحة تنظيم الدولة الإسلامية: الشيعة أنقذوا العراق»، المونيتور، 10 شباط / فبراير 2016، http://www.al-monitor.com/pulse/originals/2016/02/shiite-militants-iraq-islamic-state-obama-envoy-mcgurk.html

216 «المرجعية الدينية العليا تؤكد أن فتوى الدفاع الكفائي عن الوطن تشمل جميع العراقيين بغض النظر عن طوائفهم وأديانهم وقومياتهم، الموقع الرسمي للعتبة العباسية المقدسة، 20 حزيران / يونيو، 2019، 2014. https://alkafeel.net/inspiredfriday/index.php?id=165&ser=2&lang=ar

217 «النصح والإرشاد للمقاتلين في ساحات القتال»، الموقع الرسمي لمكتب سماحة السيد علي الحسيني السيستاني، http://www.sistani.org/english/archive/25036/

218 «المرجعيّةُ الدّينيّةُ العُليا تُبارِكُ للمُقاتِلين الأبطال انتصاراتِهم الرّائعةَ، وتُجدّدُ تأكيدَها على ضرورةِ حماية المواطنينَ في مناطقِ القتال»، الموقع الرسمي للعتبة العباسية المقدسة، 24 شباط / فبراير 2017، https://alkafeel.net/inspiredfriday/index.php?id=311&ser=2&lang=ar

219 «استفتاء حول استمرار فتوى الدفاع الكفائي إلى حين الانتصار التام على الارهابيين»، الموقع الرسمي لمكتب سماحة السيد علي الحسيني السيستاني، https://www.sistani.org/arabic/archive/25582/

220 حمدي مالك، «انفصال وحدات الحشد الشعبي الموالية للسيستاني عن الميليشيات الموالية لإيران في العراق»، المونيتور، 29 نيسان / أبريل 2020، https://www.al-monitor.com/originals/2020/04/iraq-iran-pmu-sistani.html

221 للمزيد عن الفتاوى المذكورة هنا، انظر صلاح الدعمي، «أثر فتاوى الجهاد عند الشيعة الإمامية المرجعية في مواجهة القوى الاستعمارية»، مجلة مركز دراسات الكوفة ط2، العدد. 61 (2021): 327-63.

222 عباس كاشف الغطاء، «لمحاتٌ عن مواقف علماء النجف من قضية فلسطين»، مؤسسة كاشف الغطاء العامة، http://www.kashifalgetaa.com/?id=178

223 للمزيد عن سلطة رجال الدين لإعلان الجهاد، انظر مافاني، السلطة الدينية والفكر السياسي في الشيعة الاثني عشرية.

224 عبد الرزاق، السيد السيستاني ودوره السياسي في العراق، ص227.

225 استقبل السيد السيستاني العبادي في 20 تشرين الأول / أكتوبر 2014 ورئيس مجلس النواب سليم الجبوري في 16 تشرين الثاني / نوفمبر 2014.

226 " معصوم يشيد بدور السيد السيستاني ويؤكد نصائحه في كتابة الدستور"، شفقنا، 3 كانون الثاني / يناير 2019، https://iraq.shafaqna.com/AR/136294/معصوم-يشيد-بدور-السيد-السيستاني-ويؤكد/.

227 «العراقيون يحتجون على انقطاع التيار الكهربائي وسوء الخدمات»، الجزيرة، 3 آب / أغسطس 2015، https://www.aljazeera.com/news/2015/8/3/iraqis-protest-over-power-outages-and-poor-services

228 «المرجعية الدينية العليا تدعو الحكومة العراقية إلى بذل قصارى جهدها لتحقيق المطالب المشروعة للمواطنين بالطرق المناسبة، وتحذر من الاستهانة بهم وعدم الاكتراث بعواقبها»،ا لموقع الرسمي للعتبة العباسية المقدسة، 31 تموز / يوليو 2015، https://alkafeel.net/inspiredfriday/index.php?id=223&ser=2&lang=ar

229 «المطلوب من رئيس الوزراء أن يكون أكثر جرأة وشجاعةً في خطواته الاصلاحية ولا يكتفي بالخطوات الثانوية وأن يضرب بيدٍ من حديدٍ كل من يعبث بأموال الشعب»، الموقع الرسمي للعتبة العباسية المقدسة، 7 آب / أغسطس 2015، https://alkafeel.net/inspiredfriday/index.php?id=224&ser=2&lang=ar

230 أحمد رشيد، "العبادي يقترح إلغاء المناصب الحكومية العليا"، رويترز، 9 آب / أغسطس 2015، https://www.reuters.com/article/uk-mideast-crisis-iraq-reform-idUKKCN0QE05K20150809

231 «المرجعيّةُ الدينيّةُ العُليا تدعو الى اعتماد مبدأ الكفاءة والنزاهة في تسنّم المواقع والوظائف الرسمية بدلاً عن المحاصصات الحزبية»، الموقع الرسمي للعتبة العباسية المقدسة، 6 تشرين الثاني / نوفمبر 2015، https://alkafeel.net/inspiredfriday/index.php?id=237&ser=2&lang=ar

232 كيرك سويل، «إصلاحات العبادي الفاشلة»، مؤسسة كارنيغي، 17 تشرين الثاني / نوفمبر 2015، https://carnegieendowment.org/sada/62004

233 «المرجعيةُ الدينيةُ العُليا: إنّ معركة الإصلاحات التي نخوضها في هذه الأيام هي معركةٌ مصيرية تحدّد مستقبلنا ومستقبل بلدنا ولا خيار لنا شعباً وحكومةً إلّا الانتصار فيها «، الموقع الرسمي للعتبة العباسية المقدسة، 21 آب / أغسطس 2015، https://alkafeel.net/inspiredfriday/index.php?id=226&ser=2&lang=ar

234 «المرجعيّةُ الدينيّةُ العُليا تؤكّد على ضرورة دعم وإسناد الجيش العراقيّ والاستمرار في بنائه على أُسسٍ وطنيّة وتُعرب عن أسفها لعدم تحقيق الإصلاحات»، الموقع الرسمي للعتبة العباسية المقدسة، كانون الثاني / يناير 8، 2016، https://alkafeel.net/inspiredfriday/index.php?id=246&ser=2&lang=ar

235 «المرجعيّةُ الدينيّةُ العُليا تدعو المسؤولين والقوى السياسية الى أن يعوا حجم المسؤولية الملقاة على عواتقهم وأنّ الشعب العراقي يستحقّ أن يسخّروا كلّ إمكاناتهم لخدمته»، الموقع الرسمي للمرجعية العتبة العباسية المقدسة، 22 كانون الثاني / يناير 2016، https://alkafeel.net/inspiredfriday/index.php?id=248&ser=2&lang=ar

236 «المرجعيّةُ الدينيّةُ العُليا تقرّر جعل الخطبة السياسية حسب ما تقتضيه المناسبات والمستجدّات في الشأن العراقيّ وليس بشكلٍ أسبوعيّ»، الموقع الرسمي للعتبة العباسية المقدسة، 5 شباط / فبراير 2019 2016، https://alkafeel.net/inspiredfriday/index.php?id=250&ser=2&lang=ar

237 كريم رحيم وستيفن كالين، «الصدر يبدأ اعتصاماً داخل المنطقة الخضراء للدفع من أجل الإصلاحات»، رويترز، 27 آذار / مارس 2016، https://www.reuters.com/article/uk-mideast-crisis-iraq-sadr-idUKKCN0WT0I8

238 نزار حاتم، «الأزمة العراقية تكسر صمت السيستاني: حذار التمادي"، القبس، 5 أيار / مايو 2016، https://www.alqabas.com/article/23850-الأزمة-العراقية-تكسر-صمت-السيستاني-حذ

239 «الممثل الخاص للأمين العام كوبيش يلتقي بسماحة آية الله العظمى علي السيستاني في النجف - 30 مايو/أيار 2016»، رفع على قناة يوتيوب الأمم المتحدة في العراق (UN_Iraq@) في 30 أيار / مايو 2016، https://www.youtube.com/watch?v=xa44MVZMf_Y

240 «امين عام العتبة العلوية المقدسة يستقبل رئيس الوزراء العراقي والوفد المرافق له»، العتبة العلوية المقدسة، https://www.imamali.net/index.php?id=316&sid=5419

241 «نص الخطبة الثانية التي ألقاها ممثل المرجعية الدينية العليا سماحة الشيخ عبد المهدي الكربلائي يوم الجمعة (19 محرم 1438هـ)»، الموقع الرسمي لمكتب سماحة السيد علي الحسيني السيستاني، https://www.sistani.org/arabic/archive/25485/

242 «المرجعيّةُ الدينيّةُ العُليا تبيّن موقفها من استفتاء انفصال شمال العراق (كردستان)»، الموقع الرسمي للعتبة العباسية المقدسة، 29 أيلول / سبتمبر 2017، https://alkafeel.net/inspiredfriday/index.php?id=343&ser=2&lang=ar

243 «المرجعية الدينية العليا تعتبر ما حدث في كركوك ليس انتصاراً لطرفٍ على حساب آخر، بل هو انتصارٌ لكل العراقيين»، الموقع الرسمي للعتبة العباسية المقدسة، 20 تشرين الأول / أكتوبر 2017، https://alkafeel.net/inspiredfriday/index.php?id=349&ser=2&lang=ar

244 «خطبة النصر من كربلاء المقدسة»، الموقع الرسمي لمكتب سماحة السيد علي الحسيني السيستاني، https://www.sistani.org/arabic/statement/25875//

245 «بيان مكتب سماحة السيد علي الحسيني السيستاني بشأن الانتخابات النيابية في العراق 2018»، الموقع الرسمي لمكتب سماحة السيد علي الحسيني السيستاني، https://www.sistani.org/arabic/statement/26025/

246 «المرجعيّةُ الدينيّةُ العُليا: على الحكومة الحالية أن تجدّ في تحقيقِ ما يُمكن تحقيقُه بصورةٍ عاجلةٍ من مطالب المواطنين وأن تتشكّل الحكومةُ القادمةُ على أسسٍ صحيحةٍ من كفاءاتٍ فاعلةٍ ونزيهة» موقع العتبة العباسية المقدسة، 27 تموز / يوليو 2018، https://alkafeel.net/inspiredfriday/index.php?id=396&ser=2&lang=ar

247 «المرجعية العليا: المرجعية العليا: لا نؤيد من كان في السلطة في السنوات السابقة لموقع رئاسة الوزراء»، الموقع الرسمي لمكتب سماحة السيد علي الحسيني السيستاني؛ https://www.sistani.org/arabic/statement/26114/

248 «حوارٌ مع مدير مكتب سماحة السيد في لبنان حول دور المرجعية في المشهد الديني والسياسي»، الموقع الرسمي لمكتب سماحة السيد علي الحسيني العلي السيستاني، https://www.sistani.org/arabic/archive/26342/

249 عضو سابق في البرلمان شارك في المفاوضات، تعليقاتٌ للمؤلف، بغداد، كانون الثاني / يناير 2023.

250 على سبيل المثال، الرئيس الإيراني ورئيس البرلمان اللبناني. انظر: «استقبال سماحة السيد للرئيس الايراني الدكتور حسن الروحاني (2019/3/13)»، الموقع الرسمي لمكتب سماحة السيد علي الحسيني السيستاني، https://www.sistani.org/arabic/archive/26257/ و»استقبال سماحة السيد نبيه بري رئيس مجلس النواب اللبناني (1/4/2019)»، الموقع الرسمي لمكتب سماحة السيد علي الحسيني السيستاني، https://www.sistani.org/arabic/archive/26263/

251 «استقبال سماحة السيد ممثل الأمين العام للأمم المتحدة في العراق (2018/11/29)»، الموقع الرسمي لمكتب سماحة السيد علي الحسيني السيستاني، https://www.sistani.org/arabic/archive/26116/

252 «لقاء سماحة السيد مع الممثل الخاص للأمين العام للأمم المتحدة في العراق (6/2/2019)»، الموقع الرسمي لمكتب سماحة السيد علي الحسيني السيستاني، https://www.sistani.org/arabic/archive/26231/

253 «نص الخطبة الثانية التي ألقاها ممثل المرجعية الدينية العليا سماحة السيد أحمد الصافي يوم الجمعة (10 شوال 1440هـ) الموافق (14/6/2019م)»، الموقع الرسمي لمكتب سماحة السيد علي الحسيني السيستاني، https://www.sistani.org/arabic/archive/26306/

254 «الكربلائي: المرجعية نصحت إلا أن ما وصل إليه البلد كان نتيجة استشراء الفساد المالي والإداري في مختلف مرافق الدولة ومؤسساتها»، العتبة الحسينية المقدسة، https://imamhussain.org/arabic/21158

255 «نص الخطبة الثانية التي ألقاها ممثل المرجعية الدينية العليا سماحة السيد أحمد الصافي يوم الجمعة (5 صفر 1441هـ) الموافق (4/10/2019)»، الموقع الرسمي لمكتب سماحة السيد علي الحسيني السيستاني، https://www.sistani.org/arabic/archive/26344/

256 «نص الخطبة الثانية التي ألقاها ممثل المرجع الديني الأعلى سماحة الشيخ عبد المهدي الكربلائي يوم الجمعة (12 صفر 1441هـ) الموافق (10/11/2019)»، الموقع الرسمي لمكتب سماحة السيد علي الحسيني السيستاني، https://www.sistani.org/arabic/archive/26350/

257 انظر خطب صلاة الجمعة في الفترة ما بين 25 تشرين الأول / أكتوبر 2019 إلى 22 تشرين الثاني / نوفمبر 2019.

258 يتجلى ذلك في تعليقاته الخاصة. انظر على سبيل المثال قراءات من اجتماع تشرين الثاني / نوفمبر 2019 مع رئيسة بعثة الأمم المتحدة لمساعدة العراق هينيس بلاسخارت واجتماع آذار / مارس 2021 مع البابا فرانسيس.

259 «استقبال سماحة السيد رئيس بعثة الأمم المتحدة في العراق (11/11/2019)»، الموقع الرسمي لمكتب سماحة السيد علي الحسيني السيستاني، https://www.sistani.org/arabic/archive/26358/

260 «نص الخطبة الثانية التي ألقاها ممثل المرجعية الدينية العليا فضيلة العلّامة السيد أحمد الصافي في يوم الجمعة (17/ربيع الأول/1441هـ) الموافق (2019/11/15)»، الموقع الرسمي لمكتب سماحة السيد علي الحسيني السيستاني، https://www.sistani.org/arabic/archive/26359/

261 «نص الخطبة الثانية التي ألقاها ممثل المرجعية الدينية العليا فضيلة العلّامة السيد أحمد الصافي في يوم الجمعة (2/ربيع الآخر/1441هـ) الموافق (2019/11/29) «، الموقع الرسمي لمكتب سماحة السيد علي الحسيني السيستاني، https://www.sistani.org/arabic/archive/26361/

262 تصريحات السيد السيستاني هنا: «تصريح لمصدر مسؤول في مكتب سماحة السيد (دام ظله) حول الاعتداء على القوات العراقية في مدينة القائم (2019/12/30)» الموقع الرسمي لمكتب سماحة السيد علي الحسيني السيستاني، https://www.sistani.org/arabic/archive/26373/؛ «نص الخطبة الثانية التي ألقاها ممثل المرجعية الدينية العليا فضيلة العلّامة الشيخ عبد المهدي الكربلائي في يوم الجمعة (7/جمادى الأولى/1441هـ) الموافق (2020/1/3)»، الموقع الرسمي لمكتب سماحة السيد علي الحسيني السيستاني، https://www.sistani.org/arabic/archive/26374/؛ و «نص الخطبة الثانية التي ألقاها ممثل المرجعية الدينية العليا فضيلة العلّامة السيد أحمد الصافي في يوم الجمعة (14/جمادى الأولى/1441هـ) الموافق (2020/1/10)»، الموقع الرسمي لمكتب سماحة السيد علي الحسيني السيستاني، https://www.sistani.org/arabic/archive/26375/

263 "السيد السيستاني يعزي السيد الخامنئي بشهادة اللواء قاسم سليماني"، شفقنا، 5 كانون الثاني / يناير 2021، https://ar.shafaqna.com/AR/204294/ -، كما شارك نجله السيد محمد رضا في تشييع سليماني والمهندس في النجف.

264 «تصريح لمصدر مسؤول في مكتب سماحة السيد (2020/1/16)» الموقع الرسمي لمكتب سماحة السيد علي الحسيني السيستاني، https://www.sistani.org/arabic/archive/26376/

265 «نص الخطبة الثانية التي ألقاها ممثل المرجعية الدينية العليا فضيلة العلّامة الشيخ عبد المهدي الكربلائي في يوم الجمعة (5/جمادى الآخرة/1441هـ) الموافق (2020/1/31)»، الموقع الرسمي لمكتب سماحة السيد علي الحسيني السيستاني، https://www.sistani.org/arabic/archive/26381/

266 «نص الخطبة الثانية التي ألقاها ممثل المرجعية الدينية العليا فضيلة العلّامة السيد أحمد الصافي في يوم الجمعة (12/جمادى الآخرة/1441هـ) الموافق (2020/2/7)»، الموقع الرسمي لمكتب سماحة السيد علي الحسيني السيستاني، https://www.sistani.org/arabic/archive/26383/

267 «ممثل المرجعية العليا يكشف أسباب عدم عودة خطبة الجمعة ويلقي باللائمة على السياسيين»، رفع على قناة الربيعة على اليوتيوب (alrabiaatv@) في 9 نيسان / أبريل 2022، https://www.youtube.com/watch?v=xRGdhuQwVw0.

268 «المرجعيّةُ الدينيّةُ العُليا: يجبُ اتّباع وتطبيق الإرشادات الطبّية والتعامل مع فايروس (كورونا) بحذرٍ وليس بالهلع والخوف»، الموقع الرسمي للعتبة العباسية المقدسة، شباط / فبراير 28 نوفمبر 2020، https://alkafeel.net/inspiredfriday/index.php?id=484&ser=2&lang=ar

269 «دعوة مكتب سماحته الى رعاية الإجراءات الوقائية بعد تزايد عدد الإصابات بوباء كورونا في العراق (2020/6/6)»، الموقع الرسمي لمكتب سماحته السيد علي الحسيني السيستاني، https://www.sistani.org/arabic/archive/26450/

270 «ممثل المرجعية العليا يكشف أسباب عدم عودة خطبة الجمعة ويلقي باللائمة على السياسيين»، رفع على قناة الربيعة على اليوتيوب (alrabiaatv@) في 9 نيسان / أبريل 2022، https://www.youtube.com/watch?v=xRGdhuQwVw0.

271 «استقبال سماحة السيد الممثلة الخاصة للأمين العام للأمم المتحدة (2020/9/13)»، الموقع الرسمي لمكتب سماحة السيد علي الحسيني السيستاني؛ https://www.sistani.org/arabic/archive/26461/

272 سجاد جياد، «الفاتيكان يأتي إلى النجف ويلتقي السلطة والتقوى»، 1001 فكرة عراقية، 6 آذار / مارس 2021، https://1001iraqithoughts.com/2021/03/06/the-vatican-comes-to-najaf-meeting-power-and-piety/

273 «بيان صادر من مكتب سماحته حول لقائه بالحبر الأعظم بابا الفاتيكان»، الموقع الرسمي لمكتب سماحة السيد علي الحسيني السيستاني، https://www.sistani.org/arabic/statement/26506/

274 «البابا يؤكد على الأخوة في لقاء آية الله العظمى في العراق»، أخبار الفاتيكان، 6 آذار / مارس 2021، https://www.vaticannews.va/en/pope/news/2021-03/pope-francis-stresses-importance-of-cooperation-fraternity-in-m.html

275 جيسون هورويتز وجين آراف، «البابا فرانسيس يلتقي بآية الله العظمى في العراق وكلاهما يحثان على السلام"، نيويورك تايمز، 6 آذار / مارس 2021: https://www.nytimes.com/2021/03/06/world/europe/pope-francis-iraq-ayatollah-sistani.html.

276 «البابا: الخير والمحبة والأخوة هي الطريق إلى الأمام»، أخبار الفاتيكان، 8 آذار / مارس 2021، https://www.vaticannews.va/en/pope/news/2021-03/pope-francis-inflight-presser-iraq-journalists0.html

277 «رسالة سماحة السيد الى الحبر الأعظم البابا فرنسيس جواباً على رسالته إليه»، الموقع الرسمي لمكتب سماحة السيد علي الحسيني السيستاني، https://www.sistani.org/arabic/archive/26802/

278 «بيان مكتب سماحته حول الانتخابات النيابية القادمة في العراق»، الموقع الرسمي لمكتب سماحة السيد علي الحسيني السيستاني، https://www.sistani.org/arabic/statement/26536/

279 «تصريح لمصدر مسؤول في مكتب سماحته (دام ظلّه) بشأن تشكيل الحكومة الجديدة في العراق (2021/11/2)» الموقع الرسمي لمكتب سماحة السيد علي الحسيني السيستاني، https://www.sistani.org/arabic/archive/26538/

280 جون دافيسون، «رجل الدين العراقي الصدر يوقف الاحتجاجات بعد أسوأ أعمال عنفٍ في بغداد منذ سنواتٍ»، رويترز، 30 آب / أغسطس 2022، https://www.reuters.com/world/middle-east/iraq-security-forces-say-four-rockets-land-baghdads-green-zone-2022-08-30/

281 جون دافيسون، وباريسا حافظي، وليلى بسام، «كيف أوقف رجل دينٍ يبلغ من العمر 92 عاماً بصمتٍ انزلاق العراق إلى الحرب مرةً أخرى»، رويترز، 3 أيلول/سبتمبر 2022، https://www.reuters.com/world/middle-east/how-92-year-old-cleric-silently-halted-iraqs-slide-back-into-war-2022-09-03/

282 بناء على قول الامام علي: «لا رأي لمن لا يطاع».

283 «بيان مكتب سماحته بمناسبة استقبال وكيل الأمين العام للأمم المتحدة»، الموقع الرسمي لمكتب سماحة السيد علي الحسيني السيستاني، https://www.sistani.org/arabic/statement/26646/

284 «بيان مكتب سماحته بمناسبة استقباله رئيس فريق التحقيق التابع للأمم المتحدة لتعزيز المساءلة عن جرائم داعش»، الموقع الرسمي لمكتب سماحة السيد علي الحسيني السيستاني، https://www.sistani.org/arabic/statement/26650/

285 «البيان الصادر من مكتب سماحته حول الزلزال الذي ضرب الاراضي التركية والسورية»، الموقع الرسمي لمكتب سماحة السيد علي الحسيني السيستاني، https://www.sistani.org/arabic/statement/26712/

286 «رسالة مكتب سماحة السيد إلى الأمين العام للأمم المتحدة بشأن الاعتداء على نسخة من القرآن الكريم بترخيص من الشرطة السويدية»، الموقع الرسمي لمكتب سماحة السيد علي الحسيني السيستاني، https://www.sistani.org/arabic/statement/26747/

287 الموقع الرسمي لمكتب سماحة السيد علي الحسيني السيستاني، «أسئلة مجلة المكتبة / النادي الحسيني في النبطية.»

288 روى لي أحد أعضاء المعارضة تفاجأه عندما التقى السيد السيستاني لأول مرةٍ في أيار / مايو 2003 بأنه قرأ جميع بيانات أحزاب المعارضة المختلفة خلال العام الماضي، ودرس سياساتها بالتفصيل، وانتقد العديد من المواقف التي تبنتها وكأنه حاضرٌ في كل اجتماعاتهم.

289 «حوار مفتوح مع آية الله المجتهد السيد رياض محمد سعيد الحكيم وتوثيق لسنوات المحنة»، مؤسسة السجناء السياسيين، 20 حزيران / يونيو 2022، https://www.ppf.gov.iq/2022/06/20/24423/

290 في الواقع، «انتخب» السيد السيستاني من قبل المراجع للقيادة في المسائل السياسية، ما يمنح السيد السيستاني سلطةً في الشؤون العامة، وهي نسخةٌ محدودةٌ من ولاية الفقيه التي يتبناها.

291 وهذا أيضاً في الواقع «انتخب» السيد السيستاني للتدخل في المسائل السياسية؛ ومنحته السلطة للتحدث عن القضايا المهمة.

292 ابنه السيد محمد رضا يفعل ذلك على نطاقٍ أوسع.

293 الخفاف، رحلة علاج سماحة السيد السيستاني وأزمة النجف، 184.

294 كثيراً ما يناقش مع ابنه السيد محمد رضا أفضل السبل للمضي قدما، واستراتيجيات اللعبة، والافتراضات الصعبة. ويستند هذا إلى تقييمي وتقييم المطلعين المقربين من السيد السيستاني الذين تحدثت إليهم في الماضي.

295 يمكن القول إنه كان هناك استنزافٌ مطردٌ لرأسماله السياسي، وبالتالي ابتعاده، ولذا فإن هذه الاستراتيجية لم تنجح دائماً.

296 كلانتري، رجال الدين والشرق الأوسط الحديث، ص7.

297 عبد الرزاق، السيد السيستاني ودوره السياسي في العراق، ص227.

298 «أسئلة وكالة أسوشيتد برس الأمريكية»، الموقع الرسمي لمكتب سماحة السيد علي الحسيني السيستاني، https://www.sistani.org/arabic/archive/242/

299 «الوقائع العراقية»، وزارة العدل، العدد 4254، 15 تشرين الأول/أكتوبر 2012، https://www.moj.gov.iq/uploaded/4254.pdf

300 عبد الهادي الحكيم، قيادة المرجع الديني لثورة العشرين (بغداد: وزارة الثقافة والسياحة والآثار العراقية، 2022)، 509.

301 خفاف، نصوصٌ صدرت عن سماحة السيد السيستاني في الشأن العراقي، ص45.

302 حارث حسن الكرعاوي، «السيستاني وإيران ومستقبل السلطة الدينية الشيعية في العراق»، مركز كراون لدراسات الشرق الأوسط، جامعة برانديز، كانون الثاني / يناير 2017، https://www.brandeis.edu/crown/publications/middle-east-briefs/pdfs/101-200/meb105.pdf

303 مارسين رحيم الشمري، «بناء السلام الديني في العراق: الآفاق والتحديات من الحوزة»، مسيرة التدخل وبناء الدولة 15، العدد. 4 (2021): 494-509.

304 هذا المصطلح لا يستخدمه السيد السيستاني، رغم أن العديد من الكتاب مثل عبد الهادي الحكيم، المقرب من السيد السيستاني، استخدموه بكثرة.

305 «أسئلة صحيفة غازيتا فيبورتشا البولندية»، الموقع الرسمي لمكتب سماحة السيد علي الحسيني السيستاني، https://www.sistani.org/arabic/archive/239/

306 لاري دايموند، النصر الضائع: الاحتلال الأمريكي والجهد الفاشل لجلب الديمقراطية إلى العراق (نيويورك: أوول بوكس، 2006)، 86.

307 انظر "الحكيم: قانون الأحوال الجعفري لم يطرح في الوقت المناسب والسيستاني لم يبد رأيه فيه علناً»، السومرية، 18 كانون الأول / ديسمبر 2013، https://www.alsumaria.tv/news/سياسة/88579/الحكيم-قانون-الأحول-الجعفري-لم-يطرح-بالوقت-المناسب وانظر كذلك https://al-akhbar.com/Opinion/27974

308 للحصول على نظرةٍ مقارنةٍ، انظر باباك رحيمي، «السلطة الديمقراطية والإسلام العام والفقه الشيعي في إيران والعراق: حسين علي منتظري وعلي السيستاني» مجلة العلوم السياسية الدولية 33، رقم. 2 (2012): 193-208.

309 من تعليقات عبد العزيز ساتشيدينا بعد اجتماعه مع السيد السيستاني في آب / أغسطس 1998. نسخة مؤرشفة متاحة على الرابط التالي: http://ijtihadnet.com/happend-meeting-ayatollah-sistani-sachedina/

310 إن وجهة نظر السيد الخوئي لولاية الفقيه ليست واسعةً في نطاق سلطتها النظري، وهي أبعد قليلاً عن وجهة نظر السيد الخميني منها عن وجهة نظر السيد السيستاني.

311 السيد علي السيستاني، قاعدة لا ضرر (بيروت: دار المؤرخ العربي، 1994)، 205. للاطلاع على الاستدلال الفقهي الكامل الذي يستخدمه السيد السيستاني لتوضيح وجهة نظره بشأن ولاية الفقيه، بما في ذلك نقد رأي السيد الخميني انظر: السيد علي السيستاني، الاجتهاد والتقليد والاحتياط (جد حفص: مدد للثقافة والإعلام، 2016)، 85-129.

312 مافاني، السلطة الدينية والفكر السياسي في المذهب الشيعي الاثني عشري، 197؛ و«استفسارات: ولاية الفقيه»، الموقع الرسمي لمكتب سماحة السيد علي الحسيني السيستاني، https://www.sistani.org/arabic/qa/0755/

313 الماس، النصر المهدور، ص45.

314 انظر على سبيل المثال الشمري، «إعادة تصور الحوزة والدولة». يحظى السيد السيستاني بأتباعٍ كثرٍ في إيران، والعديد من المكاتب والمؤسسات، وشبكةٍ كبيرةٍ، وموارد كثيرةٍ، ما يزيد من حذره عند التعامل مع الدولة الإيرانية.

315 كوربوز، المرجعية النجفية.

316 "أموالٌ إيرانيةٌ في النجف لإغراء طلبة حوزة السيستاني"، الترا العراق، 25 حزيران (يونيو) 2002؛ https://ultrairaq.ultrasawt.com/خاص-أموال-إيرانية-في-النجف-لإغراء-طلبة-حوزة-السيستاني/الترا-عراق-خاص/سياسة.

317 الكرعاوي، «السيستاني وإيران ومستقبل السلطة الدينية الشيعية في العراق».

318 يمتد هذا إلى الجماعات السياسية التي تتطلع إلى طهران لا إلى النجف للحصول على التوجيه الديني والسياسي. وجاء بعضها كرد فعلٍ على المعاملة السلبية الملحوظة من السيد السيستاني.

319 «بيان سماحة السيد الحائري يعلن فيه عدم الاستمرار في التصدي للمرجعية بسبب المرض والتقدم في العمر»، موقع سماحة السيد كاظم الحسيني الحائري، 29 آب/أغسطس، 2011. 2022، https://www.alhaeri.org/pages/statments-detail.php?id=149

320 من الأمثلة على ذلك رغبة إيران في بقاء المالكي كرئيسٍ للوزراء في عام 2014، لكنها اضطرت إلى التخلي عن ذلك بعد أن أجبر السيد السيستاني المالكي على التنحي.

321 على سبيل المثال، انظر الزيارة الأخيرة التي قام بها رئيس الحوزات العلمية في إيران إلى السيد السيستاني، «آية الله أعرافي يزور المرجع السيستاني في النجف الاشرف"، وكالة تغريب للأنباء، 7 حزيران / يونيو 2023؛ https://www.taghribnews.com/ar/news/595941/اية-الله-اعرافي-يزور-المرجع-السيستاني-في-النجف-الاشرف.

322 حسن عباس، "اليوم التالي للسيستاني"، معهد نيو لاينز، 18 شباط / فبراير 2020، https://newlinesinstitute.org/iran/the-day-after-al-sistani/.

323 هورويتز وأراف، «البابا فرانسيس يلتقي بآية الله الأعلى في العراق».

324 توماس ل. فريدمان، "نوبل للسيستاني"، نيويورك تايمز، 20 آذار / مارس 2005، https://www.nytimes.com/2005/03/20/opinion/a-nobel-for-sistani.html.

325 على سبيل المثال، عندما خضع السيد السيستاني لعمليةٍ جراحيةٍ في كانون الثاني / يناير 2020، أرسل كل من وزير الخارجية الأمريكي مايك بومبيو ووزير الخارجية الإيراني جواد ظريف رسائل اطمئنان. انظر الوزير بومبيو (SecPompeo@)، تحديث حالة تويتر («ممتنٌ أن سماحة آية الله السيستاني خضع لعمليةٍ جراحيةٍ ناجحةٍ اليوم في #العراق. له صلواتي وصلوات ملايين العراقيين الذين هو مصدر إرشادٍ وإلهامٍ لهم. نتمنى له الشفاء العاجل وطول العمر»)، 17 كانون الثاني/يناير 2020، https://twitter.com/secpompeo/status/1217988702133280768?s=61&t=11NIo4cGBHBr6FemZVe7dA وجواد ظريف (jzarif@)، تحديث الحالة على تويتر 16 كانون الثاني / يناير 2020، https://twitter.com/JZarif/status/1217820331231985664?s=20 (بشرى لنا جميعاً في إيران والعراق بنجاح العملية الجراحية للمرجع الأعلى آية الله العظمى السيد علي السيستاني دام الله ظله، ونسأل الله عز وجل أن يعجل بشفائه وأن يتم علينا نعمته بالسلامة.»)

326 مسؤولون أمريكيون في سلطة التحالف المؤقتة والحكومة الأمريكية انتقدوا أيضاً دور السيد السيستاني في إحباط خططهم.

327 أخبرني اثنان من هؤلاء السياسيين الذين شغلوا مناصب حكوميةً رئيسةً لعدة سنواتٍ أن ما اعتبروه تكتيكاتٍ شعبويةً للسيد السيستاني، والتي عبر عنها من خلال خطب الجمعة، كانت تدخلاً غير مناسبٍ في الشؤون السياسية.

328 عند مناقشة مسألةٍ تتعلق بالدعاة الشيعة المتطرفين مع أحد مرجعيات النجف عام 2013، أخبرني أنه لا يستطيع فعل الكثير لأن كل شيءٍ مشروطٌ بفعل السيد السيستاني، وأصبح لزاماً الانصياع له في كل قضيةٍ تقريباً.

329 روى لي العديد من شهود العيان هذا الأمر، حيث يقبل السيد السيستاني الهدايا الثمينة ثم يهديها للآخرين على الفور.

330 أحد الأمثلة الحديثة هو المطالبة بإعادة تسمية قاعة صلاة سميت على اسمه. انظر "مكتب السيد السيستاني يطالب برفع اسمه من مصلى دار العلم"، شفقنا، 9 نيسان / أبريل 2023؛ //:https ar.shafaqna.com/AR/354434/مكتب-السيد-السيستاني-يطالب-برفع-اسمه-م.

331 طلبت من أحد المساعدين الذين رافقوه طوال الرحلة أن يعطيني بعض الأفكار عن سلوك السيد السيستاني فقدم التفاصيل المذكورة أعلاه.

332 نقل إلى منزلٍ يملكه أحد أتباعه في شمال غرب لندن في اليوم التالي.

333 احتفظ السيد السيستاني بجنسيته الإيرانية ورفض عدة عروضٍ ليصبح مواطناً عراقياً، لكن أبناءه المولودين بالنجف وعائلاتهم حصلوا على الجنسية العراقية.

334 قد يعزى هذا الرأي إلى أن بعض السياسيين والشخصيات لم يتفاعلوا أبداً مع السيد السيستاني نفسه ولم يلتقوا إلا بالسيد محمد رضا أو تعاملوا معه عبر الرسائل. ذات مرةٍ، وأثناء زيارة لمكتب السيد السيستاني في آذار / مارس 2004، سألتُ السيد محمد رضا سلسلةً من الأسئلة الشرعية فأجاب عنها شفهياً، لكن بعد ذلك ذهب إلى والده لتقديم إجاباتٍ مكتوبةٍ.

335 الموقع الرسمي لمكتب سماحة السيد علي الحسيني السيستاني، «اسئلة مجلة المكتبة / النادي الحسيني في النبطية».

336 «مكاتب المرجعية»، الموقع الرسمي لمكتب سماحة السيد علي الحسيني السيستاني، //:https www.sistani.org/arabic/data/7/

337 ومن هذه الدائرة السيد أحمد الصافي، والشيخ حسين آل ياسين، والسيد محمد آل يحيى، والشيخ أمجد رياض، والشيخ طارق البغدادي، والسيد عز الدين الموسوي، والشيخ إحسان الجواهري، والسيد نزار حبل المتين.

338 على سبيل المثال، يُرى الآن بشكل أكثر انتظاماً في المراقد، وفي المناسبات الاجتماعية المهمة، وغيرها من المناسبات والاحتفالات. انظر "السيد محمد رضا السيستاني يحيي ليلة القدر بجوار سيد الشهداء عليه السلام"، رفع على اليوتيوب قناة شبكة عاشوراء (Ahura.network@) في 14 نيسان / أبريل 2023، https://www.youtube.com/shorts/AfU2IfeodNA; "السيد محمد رضا السيستاني يزور قبور شهداء الدفاع الكفائي"، شفقنا، 13 حزيران/يونيو 2023، https://ar.shafaqna.com/AR/367315/بالصور-السيد-محمد-رضا-السيستاني-يزور-ق/ و"افتتاح مصلى السيد السيستاني في دار العلم للإمام الخوئي في النجف"، شفقنا، ٦ نيسان / أبريل 2023؛ https://ar.shafaqna.com/AR/353735/بالصور؛-افتتاح-مصلى-السيد-السيستاني-ف/.

339 مهدي خلجي، «آخر المراجع: السيستاني ونهاية السلطة الدينية التقليدية في المذهب الشيعي»، معهد واشنطن، 10 أيلول / سبتمبر 2006، https://www.washingtoninstitute.org/policy-analysis/last-marja-sistani-and-end-traditional-religious-authority-shiism

340 للمزيد عن الشيخ الطوسي انظر سجاد جياد، «ألفية في النجف: حوزة الشيخ الطوسي»، في النجف: صورةٌ لمدينةٍ مقدسةٍ، تحرير سابرينا ميرفين، روبرت جليف، وجيرالدين شاتيلارد (القراءة: مطبعة إيثاكا، 2017)، 133-62.

341 لاحظ أن معظم كبار المراجع في قم هم أكبر سناً من السيد السيستاني أو في نفس العمر تقريباً؛ بمعنىً آخر، من نفس الجيل.

342 تشير قوانين الوقف الشيعي صراحةً إلى سلطة المرجعية العليا في النجف.

343 كوربوز، المرجعية النجفية.

344 الشيخ شمس الدين الواعظي، الشيخ محمد الخاقاني، السيد علي أكبر الحائري، السيد علاء الدين الغريفي، الشيخ محمد أمين المامقاني، الشيخ محمد السند، والشيخ محمد اليعقوبي معروفون بلقب المرجع ولديهم بعض الاعتراف في النجف، لكن أتباعهم قليلون ومن غير المرجح أن يُعدّوا ورثةً للمرجعية. ولا يتم الاعتراف بقاسم الطائي، وعدي الأعسم، وصالح الطائي، وفاضل البديري كمراجع.

345 وكذلك الأمر في وراثة منصب المرجع بين الإخوة.

346 عباس كاظم وعبد الله فيصل الربح، «تحول بين الشيعة: هل ستظهر مرجعيةٌ من شبه الجزيرة العربية؟»، معهد الشرق الأوسط، 12 كانون الثاني / يناير 2021، https://www.mei.edu/publications/shift-among-shia-will-marja-emerge-arabian-peninsula

347 آل راضي أقرب إلى السيد السيستاني، وأسلوبه في التعامل مع المرجعية ومكتبه، ويتمتع بفطنةٍ سياسيةٍ أفضل، لكن الإيراني أكثر شعبيةً بين العامة ولديه عددٌ أكبر من الطلاب، وقد يصبح كلاهما مرجعاً، أو قد يدعم أحدهما الآخر.

348 السيد محمد باقر الحكيم، السيد محمد صادق الخرسان، السيد جعفر الحكيم، السيد محمد علي بحر العلوم، والسيد منير الخباز من أهل الخبرة الذين تجذب دروسهم كثيراً من الحضور، وهم ذوو نفوذٍ في النجف.

| 349 | قد يكون وقف ضريح الإمام الرضا في مشهد بإيران مثالاً على الإمكانات الاقتصادية للمراقد في العراق، وتبلغ بعض التقديرات لإجمالي أصول هذا الوقف ما يزيد عن 30 مليار دولار مع إيرادات سنوية أيضاً بمليارات الدولارات، انظر «الإمبراطورية التجارية غير المقدسة لأستان قدس رضوي»، مكتب طهران، 8 آب / أغسطس 2021، https://tehranbureau.com/the-unholy-business-empire-of-astan-quds-razavi/ |

| 350 | "آية الله الأشرفي نقلاً عن السيستاني: لا يجوز لطلبة الحوزة الاعتماد على الرواتب الحكومية"، شفقنا، 22 تشرين الأول / أكتوبر 2018؛ https://iraq.shafaqna.com/AR/130673/ إعادة-نشر-آية-الله-الأشرفي-نقلا-عن-السي/. |

| 351 | يمكن للطلاب تحصيل الرواتب من كل مدرسةٍ أو حوزةٍ فرعيةٍ سجلوا فيها ومن مكاتب المراجع المسجلين بها. ليست كل الرواتب متساويةً في القدر، ولكن عادةً ما يجنون نحو 300 إلى 400 ألف دينارٍ عراقيٍّ شهرياً (نحو 200 إلى 275 دولاراً) إجمالاً. |

| 352 | عبد الله فيصل الربح، «هل سيكون السيستاني الأسطورة الأخيرة؟ تحدي الخلافة ومستقبل المرجعية»، معهد الشرق الأوسط، 28 أيلول / سبتمبر 2021، https://www.mei.edu/publications/will-sistani-be-last-legend-challenge-succession-and-future-marjaiyyah. |